质性研究经典导读系列丛书
丛书主编　丁钢

从生活到理论

质性研究写作成文

李琳琳　李　梅
周启坤　张忠强
江其霞——编

华东师范大学出版社
·上海·

图书在版编目（CIP）数据

从生活到理论：质性研究写作成文/李琳琳等编 .—上海：华东师范大学出版社，2019
 （质性研究经典导读系列丛书）
 ISBN 978 - 7 - 5675 - 9944 - 4

Ⅰ.①从… Ⅱ.①李… Ⅲ.①社会科学—论文—写作 Ⅳ.①H152.2

中国版本图书馆 CIP 数据核字(2020)第 015450 号

从生活到理论：质性研究写作成文

编　　者	李琳琳　李　梅　周启坤　张忠强　江其霞
责任编辑	范美琳
责任校对	谭若诗　时东明
装帧设计	俞　越

出版发行	华东师范大学出版社
社　　址	上海市中山北路 3663 号　邮编 200062
网　　址	www.ecnupress.com.cn
电　　话	021 - 60821666　行政传真 021 - 62572105
客服电话	021 - 62865537　门市(邮购)电话 021 - 62869887
地　　址	上海市中山北路 3663 号华东师范大学校内先锋路口
网　　店	http://hdsdcbs.tmall.com/

印 刷 者	杭州名典古籍印务有限公司
开　　本	787×1092　16 开
印　　张	9.25
字　　数	102 千字
版　　次	2020 年 4 月第 1 版
印　　次	2022 年 6 月第 2 次
书　　号	ISBN 978 - 7 - 5675 - 9944 - 4
定　　价	38.00 元

出 版 人　王　焰

（如发现本版图书有印订质量问题，请寄回本社客服中心调换或电话 021 - 62865537 联系）

总 序

教育学本质上是一门关于人类教育生活实践的学科,教育实践既是处理社会关系的实践,也是改造主观世界的实践,是人类实践活动的重要形式之一。

教育学的研究既需要为重要的研究问题提供合理、明确的推理过程,对其进行各种验证性研究,同时也需要通过对个体和群体的教育经验进行分析,深化与诠释生活世界的教育意义。教育研究既需要数据的积累和现象的描述,还必须深入到研究的内容、趋势、认知与评论等方面,以形成量化与质性相结合的交互分析。在这个意义上,教育研究可以采取量化研究与质性研究相结合的混合研究方法,以提升教育研究的价值。

就质性研究方法而言,质性研究是国内外社会科学领域常用的一种实证研究方法,其目标是对人类行为和经验的解释性理解与反思,寻求掌握人们建构其意义的历程,并描述这些意义是什么,然后使用经验的观察,从探究人类行为的具体事件中产生对人类的生活状况与社会变革更清晰、更深层的思考与理解。

华东师范大学教育学部设立"教育的质性研究方法"研究生学位基础课程的宗旨在于:使学习者树立教育研究的问题意识,清晰研究立场,全面了解质性研究的理论与具体方法,体会质性研究的特点,领会各种具体方法的优势和适用价值,学会运用质性研究方法和分析软件开展质性研究设计和研究活动。

"教育的质性研究方法"课程的内容分为以下4个模块:

● 质性研究导论,旨在为学习者提供质性研究的方法论基础而设。包括质性研究的理论资源、对象与目的、选题与设计,以及文献综述、参与观察、深度访谈、成果呈现等基本方法。

● 质性研究方法专题,旨在为学习者提供结合实际需求深入学习某一质性研究方法而设。分为可供学习者选择的 6 门单列课程:田野研究、案例研究、行动研究、叙事研究、文化与生活史研究、扎根理论。

● 质性分析软件应用,旨在为学习者提供应用质性分析软件所需而设,建议与扎根理论学习相配合。

● 质性研究成果撰写,旨在为学习者提供更好地呈现质性研究结果的写作方法而设。包括质性报告撰写与研究评价的方式等。

为了进一步推进和深化课程的建设,以及满足研究生对于质性研究方法的深入理解和研究实践的需求,基于"教育的质性研究方法"课程团队的教学实践,我们将每种质性研究方法单独编写成书而组成了这套"质性研究经典导读"系列丛书。

其中,每种质性研究方法的编写将选择国内外相关经典著作加以导读,同时强调研究方法的程序与规范,进而对一些经典案例进行分析,并提供拓展阅读。

呈现在读者面前的这套"质性研究经典导读"系列由 11 部著作构成:

《博观约取:文献综述导引》一书将文献综述作为研究过程不可或缺的一部分,强调文献综述乃是以研究主题或问题为中心,以既有文献为基础的博观约取的过程;同时,以哈特(C. Hart)的《文献综述:激发研究的想象力(第二版)》为典范,进一步加深对文献综述的技术化理解,形成对文献综述的合理认识。在此基础上,呈现了从主题到问题,从文献搜集、甄选、梳理到综述撰写的一般程序及其操作规范,并结合研究领域和研究取向,选取了若干具有代表性的综述文本作为案例,以为参酌。努力体现我国教育研究的本土特征,反映我国教育研究者的重要贡献,贴近我国教育学研究生的实际需求。

《参与观察:质性研究中的"看"与"被看"》一书旨在为参与观察方法的初学者提供可借鉴的"地图",选取了《参与观察法:关于人类研究的一种方法》这本经典教材进行导读,辅以人类学参与观察法的经典著作《摩洛哥田野作业反思》,以期从具体方法的使用到作为研究工具的研究者的反思,形成完整的逻辑链条,并具体介绍了参与观察法的操作步骤。同时,该书选取了三本以参与观察法为重要研究方法的著作,分别从研究问题与内容、研究方法与过程、研究发现、主要理论视角与论点和研究者的反思等角度对著作文本进行"方法"意义上的重构,从案例中进一步阐明了参与观察的经典使用。

《质性访谈:在教育研究中的"聆听"与"理解"》一书着重指出访谈是质性研究中的重要方法。书中涵盖阅读和领会访谈法的内涵、特点、优势、操作和分析等一系列的相关信息,对于运用和实践这种收集资料的方法来说非常必要。该书以经典导读为主线,通过介绍两本访谈著作和相关研究案例,为对质性研究感兴趣或开展质性研究的各类研究者提供有关访谈法的实用知识和技术,以促进质性研究与教育研究实证道路的发展。

《田野研究:经验正当性的现场寻求》一书为使学习者实现对于人类学田野研究更为深入的了解与理解,一方面以人类学学科中田野研究的产生与发展的时间维度,探寻在人类学田野研究领域"里程碑"式的经典著作成果形成与发展的过程中，田野研究所承担的作用和地位；另一方面，通过经典片段导读、案例分析与拓展阅读等学习内容的安排，聚焦田野研究作为研究方法的正当性（validity）问题，分析与考察其作为跨越自然科学与社会科学的一种现场经验研究方法所包含的相关研究规范。让学习者通过阅读与思考，不仅拓展专业研究方法的视野，而且初步了解和掌握人类学田野研究作为研究方法的基本规范和关键要求。

《教育科学案例研究方法：导读与范例》一书在经典导读部分通过与经典文献的对话，展示案例研究方法在教育理论构建与实践检验中的不同研究取向与特征，关注研究规范涉及案例研究方法的策略与步骤；进而在案例分析部分详细描述具体案例的研究过程与方法，并在拓展阅读部分简要介绍了案例研究方法的主要文献。

《行动研究经典导读：教育研究中的实践、批判与反思》一书旨在通过对经典著作与案例的导读，向学习者介绍行动研究的理论基础与实践方式。主要内容包括行动研究的历史溯源、主要流派与特点，以及"做"行动研究的基本方法。帮助学习者全面了解行动研究理论的历史背景，判断行动研究方法的适用情境，并帮助学习者培养独立设计、实施行动研究的基本能力。

《教育叙事研究：经典与案例导读》一书旨在帮助学习者理解叙事探究的立场、观点和方法，以开辟教育研究的新路向——关注个体的教育生活，把握其生活经验的连续性和交互性，以深度描述和诠释的方式探索、穿透和揭示其生活经验的意义。

《生活史研究导论》一书旨在考察生活史研究在历史学科中的发生与发展。着重关注海内外生活史研究的发展及其旨趣，进而对生活史研究的理论视野和取径,乃至逐渐形成的跨越历史学、社会学和教育学的方法论属性进行了考察。同时,以生活史研究领域的产生与发展过程中形成的诸多经典著作为考察依据,以该领域"研究规范"产生的原因、内容以及发展变化作为聚焦点,以期为教育研究回归"人的研究"、铺展新的研究路径,提供方法论指导。

《扎根理论经典导读与实作》一书通过对扎根理论经典的导读、介绍与解读方法、研究案例研讨、拓展阅读等方式,帮助学习者提高对本研究方法的认识、理解,使其形成运用扎根理论构建理论的能力。该书内容涉及扎根理论经典导读、作为研究方法的基本程序和技术介绍、应用该研究路径的常见问题等。

《质性分析软件 NVIVO 的应用》一书通过介绍 NVIVO 的基本操作,包括项目管理、编码、查询、数据整合、可视化、多媒体数据处理、图和报表等功能,对使用 NVIVO 进行质性分析的常用策略和步骤进行了解析。同时,通过三个具体的案例,说明应用 NVIVO 进行开放式问卷的分析、文献综述以及完整的研究设计的方法。对于不倾向于特定的方法论,需要处理大量无结构或半结构化数据的研究者而言,NVIVO 运用定性分析技术来组织、分析和共享数据,是目前最合适的质性分析工具,也为使用混合方法的研究人员提供了借鉴。

《从生活到理论:质性研究写作成文》一书在理论层面结合国内外关于质性研究写作的著述、教材和论文,在实践层面以学习者在习作中遇到的困惑和问题为着力点,力求在参考性、操作性,以及具体到质性研究写作的格式、语言、时间管理、谋篇布局和发表交流等层面,用贴近学习者经验的语言,针对普遍的困惑,提供有参考意义的建议。针对质性研究报告或论文的每个主要组成部分,该书逐一分析了各个部分写作的原则、类型、注意事项,并且引证正面和反面案例进行分析说明。

这是一套基于课程教学实践的著作系列,此系列不仅关注研究方法的实用性和理论的前沿性,也具有很强的可读性和对教育质性研究方法运用的导向性;既可以作为学习者课堂学习的延伸阅读,也可以为有需要的学习者自学所用。如果能为读者分享而有所启迪,我们便达成了心愿。

丁　钢
2020 年 1 月 31 日

| 前 言 |

本书编写的初衷,是希望帮助本科生、研究生、中小学教师或其他质性研究的新手熟悉和掌握质性研究写作的结构、要素、规范,避免一些常见的错误。本书源于华东师范大学教育学部"教育的质性研究方法"课程及其教学实践。同学们对质性研究方法充满热情,并尝试用它来探究教育领域内纷繁复杂的现象和问题。但在面对汗牛充栋的质性研究资料,需要将其形成质性研究的报告或论文时,同学们却总是束手无策。该课程要求同学们完成一篇质性研究报告的习作,对数届学生的习作分析之后发现,质性研究新手对于写作有一些共通的困惑,出现诸多相似的问题。因此,本书在理论层面结合国内外关于质性研究写作的著述、教材和论文,在实践层面以同学们在课程习作中的困惑和问题为着力点,力求完成一本有参考性和操作性的教学辅助用书。本书共有三个部分:

第一部分是经典导读和写作规范,也就是本书的第一章。第一节选取质性研究写作的经典著作,哈利·沃尔科特(Harry F. Wolcott)的《质性研究写起来:沃尔科特给研究者的建议》,并对该书进行了详细推介、概述和评价。第二、三、四节是写作规范,以简洁而风趣的笔调勾画了质性研究写作的格式、语言、时间管理、谋篇布局和发表交流等议题,希望针对学生普遍存在的困惑,提供有参考价值的建议。

第二部分是案例分析,包括了第二、三、四、五章的内容。这个部分针对质性研究报告或论文的每个主要组成部分,逐一分析各个部分写作的原则、类型、注意事项,并且引证正面和反面案例进行分析说明。第二章聚焦标题、摘要和关键词;第三章是导言与研究方法;第四章是研究发现与资料呈现;第五章是结论与讨论;因为本系列书籍中另有一本专门聚焦文献综述和参考文献的撰写,所以对于这部分内容,本书就不再赘述。第三部分的正面案例选取国内外发表的优秀质性研究论文的片段。反面案例则是历年"教育的质性研究方法"课程作业中可以改进的内容,这些内容已向同学说明并进行匿名处理。

第三部分是拓展阅读, 这一部分精选了国内三本著作和国外两本著作,说明了每本书的精选理由和内容特征。供有需要的读者进行拓展阅读,希望能为那些有进阶需要的研究者提供参考。

本书从构思到出版历时三载,在此过程中,丁钢教授总体规划并详尽指导了本书的结构与文献筛选,李琳琳和李梅具体设计了章节内容,确定了资料和案例。编者们的分工如下:李梅和江其霞编写书稿的第一章第一节和附录;李琳琳编写书稿第一章的二、三、四节;周启坤编写第二章和第五章;张忠强编写第三章和第四章;感谢"教育的质性研究方法"课程的同学慷慨贡献出自己初次尝试质性研究写作时"摔的跤"和"出的糗",他们是为了避免更多的读者在同一个地方摔跤、出糗。所谓"教学相长",在教学互动中,"教者"也收获了诸多对质性研究写作、对质性研究以至对研究的深层思考。在本书的写作过程中,"教育的质性研究方法"教学团队的诸位老师以及出版社的编辑都提供了诸多建议,在此一并致谢!

需要说明的是,质性研究方法是一个充满生命力的、快速发展的领域,随着这一研究方法自身的发展及其在教育领域的广泛应用,学者们对其中一些问题的讨论和观点也在不断深化。本书在编写过程中,尽力归纳那些在教育研究领域得到普遍认可的质性研究写作原则,对于仍有争议的问题暂且搁置。受到能力和篇幅的限制,书中定有诸多待改进之处,恳请读者们不吝赐教,共同推进教育研究的发展。

编　者
2020 年 2 月

目 录

第一章　概述　　1
　第一节　经典导读：《质性研究写起来：沃尔科特给研究者的建议》　　5
　第二节　学术写作：格式规范、论证清晰　　15
　第三节　时空特征：时间管理与谋篇布局　　21
　第四节　发表交流：锲而不舍、寻找共鸣　　25

第二章　案例分析：标题、摘要、关键词　　29
　第一节　标题　　31
　第二节　摘要与关键词　　40

第三章　案例分析：导言与研究方法　　55
　第一节　导言　　58
　第二节　研究方法　　72

第四章　案例分析：研究发现与资料呈现　　83
　第一节　研究发现　　85
　第二节　资料呈现　　97

第五章　案例分析：结论与讨论　107
　　第一节　结论　110
　　第二节　讨论　119

附录　拓展阅读　129

第一章
概　述

质性研究是"以研究者本人作为研究工具，在自然情境下采用多种资料收集方法对社会现象进行整体性探究，使用归纳法分析资料和形成理论，通过与研究对象互动对其行为和意义建构获得解释性理解的一种活动"。[1]基于质性研究的这些特征，除一般的论文写作要求之外，质性研究写作也有自己独特的要求。不同于量化数据的抽象化、数字化的特征，质性数据具有生活化、经验化的特点。因此，质性研究的写作必须对海量的数据进行选择、归纳，使其条理化、理论化，成为能够被读者理解的质性文本。陈向明认为，质性研究的写作是思考、是对现实的重构、是权力和特权。[2]写作需要基于对资料的深刻理解，选择最典型的个案、最丰富的信息，有条理地呈现给读者。量化研究追求把复杂的现实简单化，质性研究虽然不追求简单化，而是追求复杂性，但质性研究的论文却必须要有条理地呈现出这种复杂性。

写作的过程必须充分考虑一个不在场的群体——读者。质性研究的论文邀请读者在阅读过程中共同建构现实。你的论文想要告诉读者什么？如何安排逻辑才能易于读者理解？你的论文如何解答读者的疑惑？从读者的视角换位思考，能够帮助自己安排写作的结构和条理。

---

[1] 陈向明.质的研究方法与社会科学研究[M].北京：教育科学出版社，2000：12.
[2] 同上，第339-342页。

社会科学的研究很难有"对"与"错"之分,却有"优"与"劣"之分。优秀的质性研究论文有一些共同之处,可以归纳为如下几点:

- ☑ 语言简洁、明了、准确
- ☑ 研究资料呈现的清晰度与连贯性强
- ☑ 理论与资料结合贴切
- ☑ 理论分析深入
- ☑ 论点、论据与论证过程的逻辑统一

关于质性研究写作,国内不乏相关的理论专著。不同于这些专著,本书把实用性和操作性作为目标。因此,本书先选取一本质性研究写作领域的经典专著,向读者们介绍、归纳、分析和总结,以期帮助大家认识质性研究写作的基本特征和要求。在经典导读的基础之上,再结合已经发表的论文案例和学生作业案例,具体分析每一部分的写作原则和需要避免的常见错误。

第一节　经典导读:《质性研究写起来:沃尔科特给研究者的建议》

我们推荐的经典著作是哈利·沃尔科特所著 *Writing Up Qualitative Research* 的中文译本,2017 年由李政贤翻译,重庆大学出版社出版,属于《万卷方法》的《论文写作系列》丛书之一。中文译本在原书名的基础上增添了副标题,书名译为《质性研究写起来:沃尔科特给研究者的建议》。作者是美国俄勒冈大学的教授,因其教育民族志研究的经典著作——《校长办公室的那个人:一项民族志研究》而闻名于世。他自 1964 年从斯坦福大学取得博士学位后,受聘于俄勒冈大学,执教教育系与人类学系。在任教的四十余年间,他除教学以外还从事题材多样的田野研究,并相继出版了相关书籍和论文。

作为质性研究的资深专家和写作高手,沃尔科特熟知质性研究写作过程中将会遇到的重重困境,对于试图进行质性研究的学者提出谆谆告诫:"吊诡的是,质性研究表面上看似简单,但是研究执行起来却是大小难关不断,举凡问题的理论概念构思、研究实务的执行、资料的搜集与分析、报告的撰写,处处都充满了错综复杂、剪不断理还乱的陷阱。"[①]虽然质性研究写作实属不易,但也不必愁眉不展,沃尔科特像一个排雷高手,不仅告诉读者哪些地方可能是雷区,

---

[①] [美]哈利·沃尔科特(Harry F. Wolcott).质性研究写起来:沃尔科特给研究者的建议[M].李政贤,译.重庆:重庆大学出版社.2017:4.

而且指点如何排除不同情境下的质性研究的写作困境。以下是沃尔科特对于质性研究写作经验的要点归纳。

要点 1：不管怎样，先写了再说

沃尔科特首先在书中花了近三分之一的篇幅鼓励研究者马上开始写作和持续写下去，因为白纸一张无从谈论好坏，只有写了才有可能产出好的作品。所谓万事开头难，要解决下笔踟蹰不前的问题，他建议研究者先树立自由书写，不过早顾虑后续修改润色初稿的信念——"不管怎样，先写了再说"。关于从哪里开始写起，他建议可以从首次踏入的研究场域开始写起，从叙述田野记录开始写起，从研究方法开始写起，或者从研究最后可能获得的结果或结论开始写起。

要点 2：营造舒适环境，让写作成为惯例

关于如何开始写作，沃尔科特给出两项建议：创造舒服的写作环境和制定行之有效的写作计划。创造舒服的写作环境意味着你需要了解自己对于写作的需求，比如你更偏向于在家里或是图书馆写作，喜欢在周围放置咖啡或其他触手可及的物品，通过满足自己的需求，使环境成为提醒你"是时候开始写作了"的符号。写作计划的制定包含三个要素：提出研究主旨、架设目录以及确定你的叙事方法和主角。宣告研究主旨是常见的学术写作开篇方法，可以帮助你厘清写作目的。相类似的还可以在文章一开始就明确提出研究限制，即"本研究不是关于……"，声明该个案研究发生在特定群体（个体）和特定情境，研究结论不适合做过度类推。列出的目录越细致越好，并附上预估的章节页数，这一步可以帮助你对"要写多少"做到心中有数，避免文章冗长或头重脚轻。采用何种人称叙事是质性研究的一个关键问题，沃尔科特建议研究者以第一人称写作，如同他在《校长办公室的那个人：一项民族志研究》中所做的那样，让读者清楚地意识到自己的存在，体现观察者的主观看法和感受对研究工作的影响。

要点 3:"早鸟写作"法

他建议把一天中最有工作效率的时间留给写作,把写作作为最优先的事项。沃尔科特将尽早、即刻开始写作的方法称为"早鸟写作",下笔的时刻可以早到在进入田野研究工作之前,比如先写一份"初步研究目的的草稿"。沃尔科特不仅在完成他学位论文之后的所有研究中都采用了这种做法,甚至还建议他的一个博士生本·希尔(Ben Hill)"在进入田野之前,就先把学位论文的初稿完成"[1]。根据这条建议,本·希尔在赴日本实地调研前,将脑海中对访谈对象的挑选偏好和预期结论先行化为研究草稿,在此基础上展开研究,根据实际发生的事情对文章进行修订删改。他感觉这比起拿着庞杂的研究工具和材料拓荒般地写作要来得轻松。对此,沃尔科特的解释是,一份简明的研究草稿是田野研究之前的一个重要的阶段,其形成的基础是大量的文献调研和观察积累。研究者可以通过前期的写作厘清自己对于研究主题已经有哪些理解,还存在什么困惑,然后随着田野研究的深入持续不断地检验主观预设。如果出现主观预设与既成事实不符,或是现有理论无法解释观察到的现象,就需要修改假设,提出新的分析或诠释。这也意味着研究主旨不是神圣不可更改的,而是弹性、可变化的。在研究过程中研究者自身可能会经历转变,研究问题也可能会经历转变,研究者要做的就是接受这种变化,及时修改自己的研究草稿,持续地写下去。

要点 4:叙述、分析与诠释相结合

对于质性研究者而言,资料分析中的叙述、分析和诠释之间的关系,往往是非常复杂和难以驾驭的。沃尔科特对于叙述、分析与诠释之间的关系有其独到的见解。他认为"相比而言,分析较偏向科学属性而诠释

---

[1] [美]哈利·沃尔科特(Harry F. Wolcott).质性研究写起来:沃尔科特给研究者的建议[M].李政贤,译.重庆:重庆大学出版社.2017:28.

则较偏向人文属性"①。扎实的叙述需要和严谨的分析相互结合,"分析部分的写作尽可能让分析系统化,而且能够扎实有力地支持你提出的论点,报告的部分应该尽可能以陈述事实为原则,有争议性的部分则留到诠释评述中处理。"②不侧重理论研究的学者,获得学术声誉的本钱就是扎实的叙述功底,也就是"深描"的艺术和功力。"一份优秀的质性/叙述性研究报告,应该是叙述材料本身就足以吸引读者,而不是依赖研究者另外再补充吸引人的分析和诠释材料。"③作者对于过度分析和诠释,或者分析和诠释相对于叙述的反客为主进行了批判,认为"对于介入式扎根理论研究,我总爱戏称它们是'扎根理论——浅扎而已'。我们期待质性探究能够提供细致扎根于观察行为的内容,但是扎根理论的研究却往往只是轻轻拂过表土,就急忙分析意义是如何产生的。"④

要点5：打包装箱、以质取胜

沃尔科特认为在进行资料分类时,不要让理论分析提前"插队"。"质性研究的关键任务,不在于聚积你所能搜集到的资料,而在于尽可能"打包装箱"(整理取舍)你所搜集到的资料。……目的就是发掘资料的内涵,然后再通过建立充分的脉络背景,揭示资料的意义,而不是把所有资料通通收入,结果却落得重负缠身,动弹不得。"⑤他提出"有必要区分两种研究者,一种是力求以量取胜,希望通过无所不包的观察让读者留下深刻的印象;另一种则是力求以质取胜,以出色的观察,让读者别开眼界,深深为之佩服。"⑥

在田野研究的资料日渐丰富,写作也渐入佳境的时候,新的问题又

---

① [美]哈利·沃尔科特(Harry F. Wolcott).质性研究写起来：沃尔科特给研究者的建议[M].李政贤,译.重庆：重庆大学出版社,2017：39.
② 同上,第40页。
③ 同上,第42页。
④ 同上,第42页。
⑤ 同上,第49页。
⑥ 同上,第50页。

往往接踵而至——研究资料太多,而篇幅有限,如何取舍？于是在解决了"下笔难"的问题之后,沃尔科特紧接着又提出如何紧缩精简文章的问题。书中呈现了三种思路供读者参考,它们共同的原则是："少做,但要透彻！"(Do less, more thoroughly!)①

要点6：广角镜与聚焦

沃尔科特首先以镜头比喻研究的视角,以成像比喻研究所呈现的材料,表明在写作中存在全面（广角）和细致（细节）的矛盾：要想呈现视野广阔的画面,就必须舍弃具体细节；要想研究深入,视野的广度就需要做出一定牺牲。对此有两种解决的办法。一种是先把"镜头拉远",观察研究领域的全貌,再将镜头拉近,选择某个具体的焦点。另一个可行的办法是,先"把镜头拉近",寻找局部的例子,充分捕捉细节,之后再"把镜头拉远",展望单一特定个案在整体中的普遍意义。

要点7：制作图表、图文结合

其次可以使用替换法紧缩文章：将文字转换成图表、表格、地图、照片、插图这类辅助工具。这些辅助工具不仅有助于浓缩文本,还能帮助研究者以图像的模式思考,重新组织、分类资料,将脑海中的想法和观念具体化,同时吸引读者注意,避免纯文字叙述的枯燥。图表与插图本身具有传递信息、说明某现象的功能。甚至在表现某一事物的前后对比,或某个社区所处的地理位置方面,照片或地图可能胜过千言万语。但需要注意,辅助材料必须与研究内容高度相关,不能为求简洁以致喧宾夺主,附带的文字与图注要编辑得当,在后续修改时也要不断改进。

沃尔科特在创作和修订本书时就应用了这一方法。在本书的第一版里,他设计了一个饼图,用以显示质性研究诸多方法之间的关系（如图1-1）。对于这样设计的原因,他给出如下解释：一是强调研究方法的多

---

① ［美］哈利·沃尔科特(Harry F. Wolcott).质性研究写起来：沃尔科特给研究者的建议[M].李政贤,译.重庆：重庆大学出版社.2017：108.

样性,饼图中任何一个基本单位(一项研究方法)都不足以涵盖全体(所有研究策略)。二是通过相对位置表明各方法之间的亲疏关系,"左右相邻表示彼此有着最紧密的关联,隔着圆心遥遥相对的则代表彼此有可能有着对立或相反的关系"。①

图 1-1 质性研究的各种方法

图 1-1 的饼图几经修改后变成了图 1-2 所呈现的树状图,也是本书最终使用的版本。沃尔科特认为修改后的版本更令他满意,因为饼图过度简化了质性研究方法的复杂性;而在新版本中,树根代表研究素材的来源,大树的枝干代表了质性研究的各种方法,其中广义的"参与观察策略"位居质性研究的核心,随着向上或向外延伸,特殊的观察与报告方式或观点也随之出现。该图表明了质性研究取材于日常生活这一逻辑,也显示了各方法之间存在高低层级的分别。如果研究员想要获得最广阔的视野,就需要站在制高点,混合采用数种主要策略。但"在这个树状

---

① [美]哈利·沃尔科特(Harry F. Wolcott).质性研究写起来:沃尔科特给研究者的建议[M].李政贤,译.重庆:重庆大学出版社.2017:110.

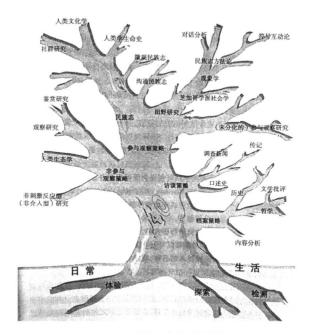

图 1-2 质性研究方法树状图

结构中,没有人可以在同一时间置身于所有的位置,也就不可能在同一时间拥有每种观点"。① 此外,沃尔科特感到很难在这张树状图中为"个案研究"找到一个合适的位置,因为它似乎适合放到每一个分支,对此他的理解是:个案研究与其说是一种研究策略,不如说更像是组织资料和呈现研究的方式。

要点 8:直接删减法

最后一个精简文章的办法是删减法,该方法可能是最简单有效,对研究者来说也最痛苦的办法。沃尔科特建议研究者只摘录访谈稿或田野笔记的重要片段,把更多的诠释移到注脚,或将完整的辅助材料作为补充资料放置于附录;检查是否有"离题的议论"和不必要的重复,比如

---

① [美]哈利·沃尔科特(Harry F. Wolcott).质性研究写起来:沃尔科特给研究者的建议[M].李政贤,译.重庆:重庆大学出版社.2017:95.

给予过多的例证,或对同一论证材料的重复使用;甚至是找寻哪些章节可以整个删去。沃尔科特在写作本书时,为了符合篇幅规定,曾在编辑的建议下删去整整两章的内容,虽然当时觉得十分心痛不舍,但他最终发现这对成书并未造成什么影响。不仅如此,他还将删除的部分改写成另外的文章,并且发表在了更合适的地方。

与明确自己的研究限制、克制旺盛的表达欲相反的,是研究人员试图观察和描摹每一件事情的做法,沃尔科特将此称为"吸尘器"。博士生亚弗列是这方面的一个典型例子:除了设立研究对象(他任教的某个班级)以外,他没有给自己的学位论文设定任何其他的研究限制,这导致了他的研究计划无所不包,资料的搜集漫无边界。在勉强完成冗长的文献综述和事无巨细的研究方法综述后,他也没有意识到应该转变研究和写作策略,导致论文进度严重拖延,最后虽然完成了论文,但过程实在痛苦,结果也差强人意。反思亚弗列的难题,沃尔科特提出"逐鸟解题"的对策:"只针对某一种题材当作范例,聚焦深入撰写,然后再来讨论这些范例如何在较广泛的脉络中做更普遍的解释说明。"[①]具体说来就是缩小研究焦点,以亚弗列的学位论文为例:从关注学校一整年的活动转变为只聚焦某些时段的事情,从分析学校里的每一天转变为缜密分析某一天,从呈现所有学生的状态转变为叙述某一位学生的具体情况。

除以上这些建议以外,沃尔科特也提供了许多写作细节上的建议,读者可根据自己的需要进行选择。比如对于如何编写书籍或论文的标题的问题,他提出标题最好通俗易懂,减少生僻字的使用,使用方便计算机检索的关键字。又如在第六章"致谢词"一节中,他从自己某篇论文引用了老师未公开发表的想法的例子出发,来说明研究者应该具备向每一个为自己提供了想法或灵感的对象致谢的风度,并建议研究者从研究项

[①] [美]哈利·沃尔科特(Harry F. Wolcott).质性研究写起来:沃尔科特给研究者的建议[M].李政贤,译.重庆:重庆大学出版社.2017:116.

目一开始,就列出每一阶段为该研究提供了帮助的机构和个人,随时更新名单,而不是等到快完稿才开始"拼凑"感谢的对象。

评价:总体而言,此书有实用型强、通俗易懂、文风亲切自然、结构简明等优点。但作为一本质性研究写作的经验之谈,此书并不是质性研究写作的万宝全书,也存在些许不足。作者所偏爱的质性研究是民族志和人类学的质性研究,而不是扎根理论、教育叙事等质性研究。作者所指的质性研究文本写作强调的是叙述而不是理论建构,针对的质性研究是对于研究对象行为的情境性描述以及行为意义的解释,而不是针对由理论框架主导的质性研究。因此这本书偏重质性研究写作的过程、困境、解决困境的诀窍与经验方法,以及写作的修改、编辑、出版与发表等事宜,而对于非常繁杂并往往让研究者感到困难重重并望而生畏的质性资料的分析、归纳、诠释与理论建构,虽然有画龙点睛之笔,但阐述并不透彻。本书通过叙述交流质性研究经验,运用举例、比喻和名人警句来传授经验,而缺乏非常系统性的写作方法和类型归纳。

鉴于中西方学术文化的差异和沃尔科特采用英文写作这一前提,书中的一些经验、建议读者可以借鉴,但不必尽然模仿。他列举的一些写作的注意事项,例如"如果对于过去式和现在式的运用还不能得心应手,那就都用过去式"、"避免太长的英文单词和被动式语态"等,对于想要尝试用英文写作的中文读者而言有很大的指导意义。转换到中文写作模式,也可以相对应地提出减少使用生僻字,将长句划分为短句的建议。作者建议的论文发表前的学术讨论——包括开始写作前和同行聊聊自己的研究设想,感到写作难以继续时寻求同行的建议和在初稿完成后请同行评议,虽然在中国背景下也具有启发意义,但学术讨论的对象如何挑选,讨论可以深入到什么程度,得到反馈和保护自己的科研成果两者如何兼顾,这些问题则需要中文读者仔细斟酌。

在本篇导读的最后,我们建议:如果你已经或将要开始质性研究写作,但在这个过程中遇到某种难以继续下去的困难,我们建议你翻到此书的目录,看看这里有没有列出你亟待解决的问题。如果你是课业繁忙、科研任务重的学生,埋首于大量的文本阅读或奔波于持续的田野调查,只能勉强挤出时间翻阅本书,或是你只想得到确切的指导以便开展写作训练,我们建议你直接翻到《质性研究写起来:沃尔科特给研究者的建议》一书的第188-194页,阅读18条应用指导。如果你还想进一步了解和学习沃尔科特的写作经验,那你最好重点阅读第一至第五章,甚至还可以翻开沃尔科特的另一本经典著作——《校长办公室的那个人:一项民族志研究》,两相对照,或许你会得到更深的领悟。至于本书的最后两章,如果你不是准备发表英文期刊,我们建议你不如先把你的对象机构要求的写作规范搞清楚——这也是沃尔科特的建议——毕竟各个期刊往往有自己的一套格式,中美两国高校的学位论文格式要求也不尽相同。

第二节　学术写作：格式规范、论证清晰

我们在读其他人的论文时，经常会碰到逻辑混乱、缺乏重点、论证无力、词汇贫乏等问题，读之让人不得要领、昏昏欲睡。有时也会看到思路清晰、观点明确、论证得当、语言生动的内容，读之让人备受启发、拍案叫好，希望反复研读。两类论文之间的差距就需要写作能力的长期磨练来弥合。我们在品评别人的论文时，往往能目光如炬、切中要害。但在自己写作时，却历经曲折、漏洞百出。本书希望通过一些具体的提醒和建议，让同学们和质性研究的初学者找到一些可以遵循的线索，遇到问题时有一些可参照的解决方案。

写作是什么？是把我们脑中一闪而逝的想法、模糊不清的观点用语言作为媒介表达出来、记录下来，和读者交流。没有语言作为载体，所有的思考和想法都只会停留在一个人的脑海中，无法被记录保存、无法被人理解、无法与人沟通，所以，关于写作，可能有两种不同的观点：

☒ 写作是任务：为学位而写、为挣钱而写、为工作而写；

☑ 写作是爱好：为记录而写、为表达而写、为存在而写。

当我们把写作的任务成分更多地转化为爱好成分，就在动机和兴趣层面上解决了写作的难题。学术写作的过程，也是帮助自己厘清脑海中纷繁复杂的观点和思路的过程，我们对于口头的语言表达，如"辩论"，会有"真理越辩越明"的感觉。书面的语言表达——写作，也是自我的思路整理，也有"真理越写越明"之感。

一、论文结构是"学术八股"吗

当我们谈及学术论文的结构时,有同学大有"八股"之感,感觉是被一套锁链牢牢困住,难以自由发挥。但学术论文的结构诸要素是在长期的学术共同体互动当中形成的、行之有效的论证思路。遵循结构要素来写作,能够使研究者反思自己的研究是否遵循研究规范、自己的研究和思考存在哪些不足,也能够方便读者搜索到相关论文,在文中明确找到自己关注的内容、清楚评判研究的规范性与合理性。因此,学术写作如同"戴着镣铐跳舞"。

实证研究的学术论文基本要素大致如下,后文的章节也基本围绕这些要素逐步展开:第二章结合案例说明标题、摘要和关键词的写作;第三章是导言与研究方法;第四章是研究发现与资料呈现;第五章是结论与讨论。第三部分的正面案例选取国内外发表的优秀质性研究论文的片段。反面案例则是历年"教育的质性研究方法"课程作业中可以改进的内容(已向同学说明并进行匿名处理)。

表1-1 实证研究论文的基本要素

第二章	标题	读者在快速浏览和检索时我要提供的信息
	摘要、关键词	我把正文的精华浓缩成一段话,希望方便读者略读或检索
第三章	导言(研究背景、意义、问题)	这个话题为什么重要?我希望通过研究回答什么问题?
	研究方法	我的研究如何设计和进行?
第四章	研究发现	我的研究有什么发现,相应的证据(访谈资料、观察笔记、实物资料等)有哪些?
第五章	结论与讨论	我的研究对理论和实践有什么启示?有哪些局限?
本书系其它书籍	文献综述	前人研究的基础有哪些?我如何评价?我的研究的独特之处是什么?
	参考文献	我的研究建立在哪些知识基础之上?

当然,根据具体研究的需要,在基本要素之外,还可以适当增加内容。例如,在出版的学术著作中可以加入引言、注释、致谢等部分。与政策密切相关的研究也会有政策建议部分。

二、为什么要"引用文献"

我们在阅读学术论文时,会发现论文中常常有大量的引用。引用相关的文献工作也非常琐碎繁杂。记住每一个观点、每一个发现的出处并准确标注是很繁重的工作。那么问题来了,我们为什么要花费这么多时间和精力来引用文献?原因大致有如下几个:

1. 尊重和认可新知识的发现者
2. 证明自己的研究建基于对引用文献的了解之上
3. 为数据的出处提供核查基础
4. 与引用的文献形成对话
5. 为读者提供拓展的索引

什么时候我们必须注明文献的出处呢? 当出现以下任一情况或多种情况时必须注明:

1. 其他学者的观点原文
2. 其他学者的观点转述
3. 其他学者的或公开的数据
4. 政府文件或报告

总结下来,在文中出现学者名、文件名、数据和他人观点的地方,都应该标注出处。

当前大部分期刊论文的参考文献在 10—20 篇左右,硕士学位论文和博士学位论文的参考文献更是多达上百篇,如此多的参考文献应如何进行有效的标识、分类、做笔记、导入与导出呢? 从各大数据库中搜集到的文献往往千头万绪,或重复或遗漏,难以管理;阅读所作的笔记则分散各处,难以高效地进行有机整合;到写论文时,大量的文献引用往往异常繁杂,要根据不同的写作需要切换参考文献的格式;尤其在文章修改时,牵一发而动全身,调整参考文献的顺序和标注也是繁重的工作。这些难题,现在已经有了许多优秀和专业的引文管理软件来帮助我们有序高效地处理。例如:Refworks、EndNote、NoteExpress、CNKI E‑Study 等等,这些文献管理软件基本都拥有文献管理所需的核心功能,但在数据库的兼容性、语言环境、插件开发等方面有各自的特色。下文以这四个文献管理软件为例,对其特征进行比较,供读者根据自己的需要进行选择:

Refworks 是一个在线的参考文献管理软件,注册账号联网使用,不需要下载和安装客户端,与英文数据库的兼容性较好。有中文界面,可免费试用 30 天。

EndNote 是汤森路透集团研发的海量文献管理软件,可以购买安装客户端使用,与英文数据库的兼容性较好,使用广泛。另有 EndNote Web 作为在线版本可以免费使用。

NoteExpress 是国内公司自主研发的文献管理软件,与中文的数据库兼容性较好。有浏览器插件辅助使用。储存大量国内不同期刊的引文格式。

CNKI E‑Study 是中国知网开发的文献管理软件,与中国知网无缝衔接,有单机版和同步版两种选择,有浏览器插件辅助使用。

三、"写作"与"下厨"

日常生活中,我们大都热爱美食,也不乏"吃货"。这里我们就把"写作"和"下厨"进行一个类比,使读者对写作有更深入的理解。

"下厨"的第一步是"吃",因为只有会吃才会做。最基本的"吃"会关注饭菜的冷热、是否能吃饱、是否下饭。这就像"写作"中的文献搜索与阅读,只努力找到相关的文献,疯狂占有资料,深陷其中不能脱身。把文献"吞"下腹中,消除饥饿感。

进阶的"品"则会关注更多,一品色香味意形,二品熘炒煎炸炖,三品川鲁粤闽湘。在对其它佳肴的品尝中设计自己的菜肴,获得灵感。在写作中,进阶的阅读会对文献进行精筛细选,分析文献的质量、研究的方法、行文的风格、学术的流派。在对文献的品读中构思自己的研究设计、形成论文观点。

到了"做"的环节,初下厨者都是依照菜谱,计算分量、遵循步骤、计算时间。相应地,写作菜鸟也是精选若干优秀文章作为模仿对象,计算篇幅、参照结构、模仿句式。在对菜谱的揣摩中,厨师逐渐从"靠(菜)谱"进阶为"不靠(菜)谱"。作者也摆脱模仿文章的限制,根据自己的研究进行合理的调整,逐渐形成自己的风格。

在写作进阶的过程中,需要处理"读"、"想"、"写"三者之间的协调关系,用"下厨"进行类比,只吃不品会撑死,只品不吃会饿死。我们需要在大量阅读的基础上,挑选重点文献仔细分析研读,在大量的写作尝试中形成自己的论文作品。写作之道切忌眼高手低和完美主义,需要边品边吃边做,这样才能成为一个(学术意义上的)稳重的码字工匠。

- ☒ 书读得太少,想法太多、写得太少;
- ☒ 书读得很多,想法太多、写得太少;
- ☑ 书读得很多,想法很多、写得很多。

四、质性研究写作: 叙议结合、发人深省

不同于量化数据的抽象化、数字化特征,质性数据具有生活化、经验化的特点。因此,质性研究的写作必须从海量的数据中进行选择、归纳,使其条理化、理论化,成为能够被读者理解的质性文本。陈向明认为,质

性研究的写作是思考、是对现实的重构、是权力和特权①。写作需要基于对数据的深刻理解,选择最典型的个案、最丰富的信息,有条理地呈现给读者。量化研究追求把复杂的现实简单化,质性研究虽然不追求简单化,而是追求复杂性,但质性研究的论文却必须要有条理地呈现这种复杂性。

本书后面的章节将结合论文结构中的诸部分,逐一说明写作中的原则以及要避免的问题。

---

① 陈向明.质的研究方法与社会科学研究[M].北京:教育科学出版社,2000:339-342.

第三节　时空特征：时间管理与谋篇布局

随着生活节奏的加快,时间的重要性日益凸显。时间管理成为现代人的重要生存技能,这一点在诸多畅销的时间管理APP和书籍中可见一斑。对于写作而言,时间可以是酝酿出好文的基础,也可以是让作品的影响发生扩散的催化剂,更可能是作者的压力源。

质性研究论文都有相应的篇幅,一篇期刊论文可能有7 000—15 000字不等,硕士学位论文大致4万—8万字,博士论文和专著10万—20万字。这有限的篇幅为质性研究写作提供了空间。研究者的思路、观点、资料、理论如何在这有限的空间内展开,哪些内容安排在哪个位置,才能排出有条理、吸引读者、重点突出的队形,便是谋篇布局。

一、写作计划：拒绝拖延，在习惯中迎接灵感

重复性的简单工作很容易着手进行,类似写作这样的创造性脑力劳动则容易碰到天敌——拖延。也有很多讨论拖延的书籍和论文,从心理学、教育学等视角入手,分析如何摆脱拖延。对写作者来说,摆脱拖延无外乎需要"时间、空间、注意力"三要素的齐聚。

外界对写作的时间要求可以统称为"截止日期",英文叫做"deadline",直译为"死期"。多少作者被截止日期折磨到"死去活来"。截止日期的压力,可以通过写作计划这一古老的时间策略来缓解。提到"计划",现代人大多联想到自己无数次计划失败的经

历,对制定计划有一种无力的嘲讽。但计划顺利执行的前提是"难度适中",如"一周完成3篇论文"的雄心勃勃的写作计划显然只会增加你的失败体验。像"日码500字"这样没有挑战性的写作计划如果能够常年执行,写作量却会非常惊人。此外,写作计划能够发挥作用,还需要在各种纷繁的事务和时间冲突中,给予写作更多的时间优先。时间管理的艺术,不是做加法,而是做减法。不是在有限的时间里完成越来越多的事务,而是将不重要的事务,从你宝贵的时间中剔除。因此,在其他事务与写作计划发生时间冲突时,保证写作时间是完成计划的重要路径。

写作的空间要求则需要写作者根据自己的习惯和需要来安排,基本原则是不被人任意打扰并能够提供写作所需的硬件条件。图书馆、办公室、家里、咖啡厅……每个人的偏好不同,所拥有的资源不同,需要在有限的条件内创造自己最适合的写作空间。可能资深的老教授可以有自己的书房:一排排书架上的书籍按主题排列,随手可取;最高配置的台式电脑和超大曲面显示屏提供最好的硬件支持;舒适的办公椅和升降式的办公桌给疲惫的身体最好的休憩;大大的落地窗和窗外的风景供酸涩的眼睛休息调节。但这一切并不是所有写作空间的必须条件。可能在另一个空间,一座难求的图书馆,学生抱着自己即将被淘汰的笔记本电脑,也会敲出才华横溢的质性研究论文。

和时间与空间这两个要素相比,作者的注意力是最为宝贵的要素。时间和空间都为注意力的集中提供了条件。例如:当你的身体习惯了每天上午坐在自习室里,注意力就会很容易集中于写作这项复杂的脑力劳动,我们梦寐以求的"灵感"自然会频频出现,文思泉涌的美妙体验也会成为持续写作的动力。

二、写作顺序:列出想法、好文章是改出来的

学术写作很难做到一气呵成,更多时候是从惨不忍睹的初稿,经过一遍一遍地修改和雕琢才成为美丽的钻石。图1-3充分说明了这一点。惨不忍睹的初稿非常重要，因为好文章是"改"出来的。需要给论文预留出打蜡抛光和沉淀的时间。长期浸入一篇论文的写作容易被自己原有的思路所局限，所以在修改的过程中，把文章放一放，将自己的思路暂时从论文中解放出来，经过一段时间的沉淀，新的修改思路——所谓"灵感"就会与你不期而遇。

在刚刚提笔的时候，从哪些部分开始写起？是否按照文章的顺序，从标题到参考文献一步步完成呢？答案是否定的，因为，写作的合理顺序，是从"最有想法的地方写起"，列出你的观点、亮点、或构思，在空白的 Word 文档里敲出最初的几行字，然后不断补充、完善和修改。大部分研究者都有这样的感受：标题、摘要、结论是学术论文最难写的部分，需要经过写作过程中的思考不断修正和完善。因此，可以在写作的最后再去构思结论、标题和摘要。

名称
- 毕业论文
- 毕业论文改
- 毕业论文改1
- 毕业论文改2
- 毕业论文完成版
- 毕业论文完成版1
- 毕业论文最终版
- 毕业论文最终版1
- 毕业论文最终版2
- 毕业论文最最终版
- 毕业论文最绝对不改版
- 毕业论文最绝对不改版1
- 毕业论文最绝对不改版2

图1-3

三、找准"C"位，理顺逻辑

论文本身是以视觉的方式传达思想。[①] 如何让你最重要、最原创的观点从文字的海洋中脱颖而出，抓住读者的眼球呢？那就需要找准文章的"C"位，把文章的亮点放到这些位置。偶像团体中，"C"位是"Center"的缩写，是指在表演舞台上最中心、最亮眼、观众注意力最容易聚焦的位

---

① ［美］韦恩·C.布斯（Wayne C. Booth），［美］格雷戈里·G.卡洛姆（Gregory G. Colomb），［美］约瑟夫·M.威廉姆斯（Joseph M. Williams).研究是一门艺术[M].陈美霞，徐毕卿，许甘霖，译.北京：新华出版社，2009：229-251.

置。在学术论文的空间里,读者的视觉注意力也有最容易聚焦的地方,这些"C"位包括:

- ✓ 标题
- ✓ 摘要
- ✓ 小标题
- ✓ 第一段/最后一段
- ✓ 每一部分的第一段/最后一段
- ✓ 每一段的第一句/最后一句

偶像团体的成员在不断竞争"C"位,写作新手们却往往将"C"位让给一些平凡无奇的内容,而把论文最重要、最原创、最精彩的部分隐藏在大段文字之中。这样读者在进行初步的视觉搜寻之后,会觉得没有收获,平淡无奇,也就不再投入更多时间进行精读。

但是过分重视"C"位也会走入另外一个极端——"标题党",在媒体经济的时代,为了吸引大众注意力,标题作为文章的重要"C"位之一,容易被过分夸大。在娱乐新闻等领域经常出现标题与文章内容不符,过分夸张、误导读者的现象,被大众诟病,我们的学术论文写作也要避免走入这个极端。

第四节 发表交流:锲而不舍、寻找共鸣

学术期刊和学术会议在设立之初就定位于学术共同体的研究交流。学术研究的过程大都需要研究者独自进行探索,所以研究中的孤独感和迷茫感也如影随行。通过期刊发表和会议报告,研究者个体和学术共同体连接起来,学术研究的成果得以被讨论、被评判、被传播。

但随着学术制度的发展,强调问责与竞争的管理文化放大了期刊与会议的评价与筛选功能。曾有网络文章将顶级学术期刊的论文录用与"范进中举"进行类比,讽刺工具理性对研究者带来的异化现象。对于个体研究者来说,发表这把"双刃剑"始终无法绕过,即便对它又爱又恨,仍要努力前行。

一、投稿与等待

投稿的方式:传统的投稿方式是纸质邮寄投稿,随着通讯技术的发展,越来越多的期刊开发了在线的投稿系统或平台。研究新手尝试在网络上寻找期刊投稿平台时,经常会遇到一些"假"网站,盗用学术期刊的名义,骗取投稿者的费用。为了避免走入骗局,建议投稿者按照纸质期刊上的投稿方式进行投稿。大部分学术期刊都会在自己的扉页或尾页刊登投稿方式、地址、电话甚至邮箱。

投稿期刊选择:选择哪一本期刊进行投稿,需要充分的前期准备。每一本学术期刊都有其风格,包括期刊关注的研究领域、偏好

的研究范式、每一期计划组织的专栏等,在投稿英文期刊时,还要考虑到不同期刊的区域定向,中国相关的研究在这本期刊已有的文章中出现的比率。投稿之前需要根据自己稿件的研究领域和范式,寻找契合的期刊,增加发表几率,减少拒稿概率。

发表的时间:为了保证发表论文的质量,规范学术制度,越来越多的期刊采用同行匿名评审的审稿制度,匿名评审的数量1—5位不等。发表论文大都经过编辑初审——匿名评审——修改/拒稿——再审——编辑终审的流程。一篇文章从投稿到发表需要的时间从1个月到数年不等。一些期刊会在已经发表的文章中标注出投稿时间,结合这一本期刊的刊出时间,大家可以推算出从投稿到发表大致所用的时间。当然,有些研究问题是有时效性的,等待发表的时间过长,研究的对象、政策环境发生了改变,就会影响研究的价值。

二、我为什么被拒稿:从意见中改进

拒稿并不意味着完全的失败和落空,如果期刊提供了审稿意见,即使拒稿,你也能从这次投稿中收获专业的建议。匿名评审专家是你论文的首批读者,你的论证是否能够很好地回答读者的问题,这是一次郑重的演习。审稿建议可以为论文进一步修改完善提供指引。匿名审稿人一般是该研究领域的专家,大部分审稿人会给出专业的、负责的、有针对性、建设性的建议。当然,也不排除审稿人和研究领域不匹配、对某类研究方法有偏见、过于偏激等问题。当这种情况出现时,投稿人可以尝试回复期刊编辑或匿名评审,充分说明审稿中的问题,证明自己研究的合理性。论文评审和作者回复的过程,本身就是学术讨论和交流的过程。

期刊将匿名专家的审稿意见反馈给作者时,往往将相对积极和温和的意见排在前面,将否定和消极的意见排在后面。就此,许多研究者调侃这种现象是"万恶的 Reviewer2"。即便是非常有学术影响力的教授,

也难免被拒稿。所以,万不能因为几次拒稿就心灰意冷,否定自己研究的价值甚至自己研究的能力。在被拒稿以后,研究者可以收拾一下受伤的心情,吐槽一下 Reviewer2 的学术品味,最重要的是完善修改文章,准备另一次投稿。多次投稿的常见做法,是先尝试发表难度较高的期刊,如果被拒稿,再尝试发表难度较低的期刊。这样能够避免低估自己文章的学术水平。当然,如果发表时间对你来说是最大的限制,则需要综合考虑期刊的发表量(月刊、双月刊、季刊或是半年刊)和发表难度。

第二章
案例分析：标题、摘要、关键词

第一节 标题

标题是最先进入读者眼帘的文字,是文章的"眼睛",论文的标题是用若干个恰当、简明的词语反映论文的研究内容、主题。所以,论文的标题不同于其他非论文题材的题目,应清楚地总结论文主题,明确研究中的变量及其关系。即具有明确研究问题、指明具体研究方向等作用。[1]

一、标题的类型

论文的标题虽然形式多样,风格迥异,但一般可将它们分为"单一标题式"与"双标题式"这两类。[2]"单一标题式",顾名思义,即以一句话来概括研究的对象、核心概念、研究方法等要素,且通常采用陈述句式来表达。这类标题的优点是简单明确,能够使读者很轻易地知道文章研究的主要领域、对象、内容等。但不足之处亦存在,即较为死板,后缀大都是"研究"、"分析"等字眼,千篇一律,不太能够吸引人的注意力。

☑ 案例2-1 "单一标题式"的质性研究题目

1. 研究对象+"研究"

肖思汉.中国小留学生父母教育观念研究[D].华东师范大学,2010.

---

[1] [美]伯克·约翰逊(Burke Johnson),[美]拉里·克里斯滕森(Larry Christensen).教育研究:定量、定性和混合方法(第4版)[M].马健生,等,译.重庆:重庆大学出版社,2015:521.
[2] 风笑天.社会研究:设计与写作[M].北京:中国人民大学出版社,2014:156.

袁凤凤.高校青年海归教师对中国现行学术体制的适应研究[D].华东师范大学,2014.

2. 强调是"质性研究"及其某一类型研究的标题

曹爱华.女博士生成就价值观的质性研究[J].中国高教研究,2007(12):31-34.

李海艳,李莹,朱祖林,等.远程学习者辍学原因的质性研究[J].中国远程教育,2011(7):44-49.

董志霞,郑晓齐.对非定向博士生求学动机的质性研究[J].学位与研究生教育,2015(01):48-51.

何丽,王建平.失独者宗教应对的质性研究[J].中国临床心理学杂志,2017,25(05):970-975+906.

刘艳春,张庆普,李占奎.基于扎根理论的MOOC在线深度互动影响因素[J].开放教育研究,2017,23(05):64-73.

唐芝,熊欢.体育促进新生代女性农民工城市社会融入的质性研究[J].体育学刊,2018(2).

"双标题式"则是由主标题和副标题组成,两者之间或用冒号或用破折号连接。主标题的抽象性较高,常常会用一些隐喻性的词语,副标题是主标题的进一步具体化,表明研究的内容、对象或方法等。就形式而言,主要有两种:一是主标题以问句形式呈现;二是主标题以陈述句形式呈现。此外,副标题基本都是以陈述句形式展现。由主副标题组合而成的标题主要有两点好处:一是能更具体地描述研究主题、内容、结论等,方便读者了解论文所研究的对象;①二是能吸引读者的注意力,让读者读下去。如以问句形式呈现的主标题会吸引读者的眼球,使其对文章内容

---

① [美]韦恩·C.布斯(Wayne C. Booth),[美]格雷戈里·G.卡洛姆(Gregory G. Colomb),[美]约瑟夫·M.威廉姆斯(Joseph M. Williams).研究是一门艺术[M].陈美霞,徐毕卿,许甘霖,译.北京:新华出版社,2009:207.

产生好奇,继续读下去。就质性研究的论文而言,主副标题的形式较为常见,且有一些学者提倡主副标题形式的题目。如大卫·希尔弗曼认为好的标题应该是一个由两部分组成的标题——简单明朗的主标题(通常使用一个现代分词来展示活力)+更具描述性的副标题。① 迈克尔·E·查普曼指出学术论文的标题需要一个副标题来补充,以形成完整的描述,其中,主标题是一句与研究主题相关的通俗性短语,副标题则需要表达出研究的主题和内容。②

☑ 案例 2-2 "双标题式"的质性研究题目

1. 研究主题(问句)——研究内容

陈向明.王小刚为什么不上学了——一位辍学生的个案调查[J].教育研究与实验,1996(01):35-45.

谢爱磊."读书无用"还是"读书无望"——对农村底层居民教育观念的再认识[J].北京大学教育评论,2017,15(03):92-108+190.

徐岚,卢乃桂."成长的窗户"还是"冰冷的制度"?——一所研究型大学本科生导师制的质性研究[J].中国人民大学教育学刊,2011(01):48-65.

曾妮."换导师"为何不容易——一项基于个案教师访谈的批判话语分析[J].教育学报,2017,13(06):69-76.

许迈进,章瑚纬.研究型大学教师应具备怎样的教学能力?——基于扎根理论的质性研究探索[J].浙江大学学报(人文社会科学版),2014,44(02):5-15.

2. 研究主题(陈述句)——研究内容

刘云杉.自由选择与制度选拔:大众高等教育时代的精英培养——

---

① [英]大卫·希尔弗曼.如何做质性研究[M].李雪,张劼颖,译.重庆:重庆大学出版社,2009:248-249.
② [美]迈克尔·E·查普曼(Michael E. Chapman).人文与社会科学学术论文写作指南[M].[美]桑凯丽,译.北京:北京大学出版社,2012:35-37.

基于北京大学的个案研究[J].北京大学教育评论,2017,15(04):38-74+186.

肖索未."严母慈祖":儿童抚育中的代际合作与权力关系[J].社会学研究,2014,29(06):148-171+244-245.

吴莹,张艳宁."玩耍"中的阶层区隔——城市不同阶层父母的家庭教育观念[J].民族教育研究,2016,27(05):61-68.

李琳琳.时不我待:中国大学教师学术工作的时间观研究[J].北京大学教育评论,2017,15(01):107-119+190.

张晓辉,间邱意淳,赵宏玉,等.教育实习对师范生职业发展的影响:基于典型个案的质性研究[J].教师教育研究,2015,27(06):52-58.

二、标题撰写的注意事项

如前所述,论文标题有其独特的意义和价值,因此在确定标题时,需要遵循一定的学术规范,而不是随便撰写。在撰写标题时常见的问题有以下几点:

(一) 标题不够清晰明确

好的论文标题首先就应该能很好地概括论文的主题与内容,这就要求标题一定要清晰准确,具体为两方面:一是标题中的概念要清晰,尤其注意不要包含多个抽象性的专业术语。如果一个标题中包含多个需要引注才能阐释清楚的专业术语或者有歧义的概念,则会给读者产生云里雾里,不明所以的感觉。二是重点要突出,标题中仅仅写出研究对象或研究主题是不够的,最好还能够突出研究的关键变量和主要的变量关系。① 例如《当前农村留守儿童问题的实证研究》这个标题中的"留守儿童问题"是指留守儿童的什么问题?标题

---

① 风笑天.社会研究:设计与写作[M].北京:中国人民大学出版社,2014:156-157.

范围较大,指向不明确。读者会不明所以,甚至不知道论文要研究的是什么,因此将标题修改成《留守年龄对留守儿童角色认知的影响研究》会让论文主题清晰许多。学生习作中的一些题目就存在此类问题,具体如下:

案例 2-3 （学生习作）

1.《"微粒间作用力"体系前概念及其转变研究》

虽然题目点明了研究对象和内容,但研究对象仍缺乏有识别性的核心分类。结合正文内容来看,作者想研究的是"中学化学"的"微粒间作用力",因此需加入"中学化学"这一前缀。

2.《基于视频分析的高中地理课堂教师非言语行为研究》

此题语意不通,应将"课堂"置于"教师"之后,"课堂教师"一词过于口语化,不够严谨。

3.《上海市研究型高校大学生入学准备的质性研究——基于四位大学本科生的访谈调查》

标题很长,但仍未将研究内容表达清楚。标题特别说明是"上海市"是否是要强调上海市的大学生入学准备与其他省市相比有不同的特征？如果不是,可以将上海市转移到副标题,和研究样本放在一起,表明"上海市"只是样本范围。此外,大学生和本科生概念范围不同。可将标题修改为《研究型高校本科生的入学准备——以上海市为例的质性研究》。

(二) 标题不简洁,有赘语

好的标题要做到简明,即不要冗长或语义重复,题目过长很容易使读者在阅读时感觉繁杂绕口,不能直观地了解作者所要研究的问题。刘良华强调标题切忌啰嗦或字数太多,标题一般不宜超过 20 个汉字。① 保罗·J·席瓦尔认为标题必须兼顾概括性和具体性,一方面既

---

① 刘良华.教育研究方法(第 2 版)[M].上海：华东师范大学出版社,2014：167.

要告诉读者论文的主题,另一方面,不能太过具体而显得无趣。概言之,标题中应尽量不用或少用修饰词,措词严谨、清晰。① 以学生习作为例,具体问题如下:

☒ 案例2-4 （学生习作）

1.《硕士毕业生对过度教育的看法——以我国上海某双一流高校E校为例》

此标题采用了主副标题的形式,前者是作者所要研究的问题,后者是研究对象,但研究对象的陈述不够简洁,"上海"作为国内知名度很高的城市,不需加上"我国"以强调其属于中国。此外,"双一流"是"世界一流大学和一流学科建设"的简称,作者有精简标题的意识,但因为是简称,要标注双引号。因此,题目可改为《硕士毕业生对过度教育的看法——以上海市一所"双一流"高校E校为例》。

2.《中国西部农村民办普惠性幼儿园办园原因及困境分析——以四川省巴中市渔溪镇幼儿园为例》

此标题字数过长,主副标题加起来40多字,显得过于冗长,不够精简。建议去掉副标题,同时将主标题中的"办园原因"改为"现状"。

（三）题不对文,标题偏离文章内容

好的论文标题应具有较强的指向性,即标题必须与文章内容相符,而题不对文就是标题未能准确概括文章的主题与核心观点,或只片面概括了文章的部分内容,或超出了正文内容的范围。刘良华认为题不对文就是标题与正文脱节,既没有显示正文的关键词,也没有表达正文的核心观点,甚至隐含了与正文相反的观点。② 具体而言,题不对文的表现可归纳为两方面:一是标题与内容不处于同一层面,

---

① ［美］保罗·J·席尔瓦.文思泉涌:如何克服学术写作拖延症[M].胡颖,译.上海:上海教育出版社,2015:95-96.
② 刘良华.教育研究方法（第2版）[M].上海:华东师范大学出版社,2014:168.

即题目与文章内容出入较大。以《教育质性研究概念框架的本土探索——以一项实习生与指导教师互动的研究为例》①与《跨文化语境下交际顾虑研究——中国留学生与美籍指导教师互动交流分析》②这两篇文献为例,将这两篇对比来看,可发现两篇的副标题部分大致相同,都是研究学生与其指导教师的互动,但因为各自主标题的不同,使得两篇文章的研究主题大不相同。前者,是以某一项实习生与指导教师互动的研究为例,来详细阐述如何搭建教育领域的质性研究概念框架,如何探索出一个适切的本土理论建构起来的概念框架,而后者探究的则是学生与指导教师交流互动中的一个具体维度——双方的跨文化交际顾虑,着重于交际顾虑的研究。因此,这两项研究的研究对象看似相同,但实则不在同一层面。二是题旨过宽或过窄。过宽,即标题大于文章论题范围,如《促进大学教师的"卓越教学":从行为主义走向反思性认可》,③该文探究的是广受学生赞誉的优秀教师的教学特点,标题很精简地反映了文章的内容,但若将标题改为《促进大学教师的教学:从行为主义走向反思性认可》,便与研究内容不符了,因为文章访谈的都是教学效果很好,深受学生喜爱的一批老师,属于"卓越教学"范畴。如《我国高校非通用外语教师面临的挑战与困境:一项质性研究》,④该文探究了非通用外语教师这一群体在专业发展过程中面临的内外部困境,文章标题与内容很契合,但若将标题改为《我国高校非通用外语教师的挑战与机遇:一项质性研究》,便与研究内容不符了,因为正文丝毫未涉及外语教师的专业发展机遇的内容;过窄,即

---

① 陈向明,曲霞,张玉荣.教育质性研究概念框架的本土探索——以一项实习生与指导教师互动的研究为例[J].教育学术月刊,2014(04):3-10+28.
② 王松.跨文化语境下交际顾虑研究[D].上海:上海外国语大学,2008.
③ 林小英,宋鑫.促进大学教师的"卓越教学":从行为主义走向反思性认可[J].北京大学教育评论,2014,12(2):47-72.
④ 文秋芳,张虹.我国高校非通用外语教师面临的挑战与困境:一项质性研究[J].中国外语,2017(6):96-100.

以偏概全,标题小于文章论题范围,如《何为"学生行为问题":一项质性研究的结论》,①恰如题中所指,该文研究了教师对学生行为问题的描述、问题的判断标准及形成的影响因素,文章标题与正文内容很契合。但若将标题改为《何为"学生学习行为问题":一项质性研究的结论》,研究内容仍是学生的行为问题,则题目就不再恰当,犯了以偏概全的错误。因为正文不仅涉及到了学生的学习行为,还涉及到了生活、人际交往等维度。接下来,以学生习作为例,说明题不对文的相关表现,具体如下:

案例 2-5 （学生习作）

1.《城乡差异视角下农村大学生就读的大学适应性探析》

研究对象是"农村大学生",但通过阅读此文,可以发现作者想研究的不仅是农村大学生,还有城镇学生,欲通过两者的对比,发现一些共性和差异性问题。因此,可将题目改为《城乡差异视角下大学生就读适应性探析》。

2.《"隔代教养"怎么办？——隔代教养模式新探索》

该文论述了隔代教养的相关问题,但隔代教养有利有弊,作者在文献综述中亦阐述了隔代教养的好处,但标题中的"怎么办"却预设了隔代教养本身是有问题的。同时,通览此文,可以发现作者主要阐述隔代教养的各种典型问题,并将问题进行了归类。因此,可将题目改为《隔代教养的问题及原因探析》。

3.《教育学类女研究生学习情况的质性研究》

标题中的研究内容太过宽泛,"学习情况"具体指哪方面的学习呢？通过阅读该文可以发现,作者想研究的是女硕士研究生的课程学习,因此标题范围大于所要研究内容的范围,属于题旨过宽。

---

① 朱梦华,鞠玉翠.何为"学生行为问题":一项质性研究的结论[J].教育科学研究,2018(10):86-91.

(四) 使用口号式的套话作为标题

口号式的标题之所以是学术论文的"差标题",原因就在于学术论文本身是议论文体,目的不是"以情感人",感召读者,而是要用理据说服读者,以理服人。因此,口号式标题无法让读者从题目中有效获得核心概念或者作者所要研究的问题。刘良华认为那些口号式的标题,诸如"坚定不移地走素质教育的道路"、"加强校本研究,促进教师发展"或"高举公民教育的旗帜"等都属于"差标题"之列。[①] 此方面的问题在学生习作中少见,但仍需注意,坚决不使用"假大空"的词汇作为标题。

---

① 刘良华.教育研究方法(第 2 版)[M].上海:华东师范大学出版社,2014:168.

第二节　摘要与关键词

一、摘要

摘要是论文的第二个部分,处于标题与正文之间,是对论文的核心内容、研究结论的概括。因为处于论文位置的最前列,所以其作用在于对论文内容进行最简明的介绍,方便读者快速了解文章是否符合自己研究的需要或是否值得继续读下去。在一定意义上,摘要就是一种广告,向同行介绍自己的研究发现与成果。①

(一)摘要的构成要素

质性研究的论文摘要应包括以下几个部分:研究背景或研究意义、研究方法、研究问题、研究发现。其中,研究背景或研究意义所占篇幅较小,用一两句话概括即可,而研究问题与研究发现需要重点阐述。如风笑天认为摘要主要是研究的基本介绍与研究的主要结果与发现这两部分,前者撰写时要相对简略,后者则需要相对详细些。②但摘要具备一定的灵活性,如题目中已经点明研究类型与研究方法的可不在摘要中再作说明,且除以上几个基本的部分外,还可呈现研究过程、研究发现的意义或对其他研究的启示,研究的相关建议等内容。大卫·希尔弗曼在论及质性研究写作时,指出摘要应包括研究问题、研究问题的重要性与意义、资料和方法、主要的研究发现、研究发现的意义及对其他研究的启示

---

① 风笑天.社会研究:设计与写作[M].北京:中国人民大学出版社,2014:157.
② 同上,第157-158页。

这几个部分。① 但一般而言,实证研究的摘要中,方法、问题、结果或结论这三部分是必不可少的。如约翰逊与克里斯滕森认为,实证研究的摘要应该包括概述问题、使用的方法、研究的基本结论或研究结果以及它们的应用性或影响。② 刘良华强调实证研究报告的摘要要具备结构性,要包括四个部分:方法(含研究对象和研究工具)、问题(含研究对象)、结果、结论。③

(二) 摘要的写作模式

布斯与威廉姆斯等学者根据摘要的基本构成要素,将摘要的写作模式归纳为三类,④具体如下:

1. 研究背景+研究问题+概括性观点

此类摘要一般先在开头以一两个句子介绍已有的研究情况,接着以一两个句子陈述研究问题,然后陈述本研究的主要结果或结论,但较为笼统,涉及的具体信息较少。如这段摘要:一直以来关于电脑的通俗看法认为,以字符为基础的用户界面比图形化用户界面更能促进较为重要的工作,这个观点是由 Hailo 所确立的。(研究背景)但 Hailo 的研究因他试图证实这个说法而有偏误。(研究问题)在本研究中,并未发现使用以字符为基础的用户界面与使用以图形化用户界面的学生的表现有差异。⑤(观点)

2. 研究背景+研究问题+展开式观点

此模式除了最后研究结果或结论陈述的具体程度不一样外,其他部

---

① [英]大卫·希尔弗曼.如何做质性研究[M].李雪,张劼颖,译.重庆:重庆大学出版社,2009:249.
② [美]伯克·约翰逊(Burke Johnson),[美]拉里·克里斯滕森(Larry Christensen).教育研究:定量、定性和混合方法(第 4 版)[M].马健生,等,译.重庆:重庆大学出版社,2015:522.
③ 刘良华.教育研究方法(第 2 版)[M].上海:华东师范大学出版社,2014:171.
④ [美]韦恩·C.布斯(Wayne C. Booth),[美]格雷戈里·G.卡洛姆(Gregory G. Colomb),[美]约瑟夫·M.威廉姆斯(Joseph M. Williams).研究是一门艺术[M].陈美霞,徐毕卿,许甘霖,译.北京:新华出版社,2009:208-210.
⑤ 同④,第 208-209 页。

分与上一个模式相同。如这段摘要:一直以来关于电脑的通俗看法认为,以字符为基础的用户界面比图形化用户界面更能促进较为重要的工作,这个观点是由 Hailo 所确立的。(研究背景)但 Hailo 的研究因他试图证实这个说法而有偏误。(研究问题)这个研究测验了 38 名使用以字符为基础的用户界面或以图形为基础的用户界面的工商传播学学生的表现,结果并未发现使用以字符为基础的用户界面与使用以图形化用户界面的学生的表现有差异。①(展开式观点)

3. 总结

这种模式在陈述了研究背景、研究问题与研究结果之后,也概述了研究的过程、研究的意义及不足等部分。如这段摘要:一直以来关于电脑的通俗看法认为,以字符为基础的用户界面比图形化用户界面更能促进较为重要的工作,这个观点是由 Hailo 所确立的。(研究背景)但 Hailo 的研究因他试图证实这个说法而有偏误。(研究问题)在这个研究中,38 名来自同一个技术传播班级的学生被随机分派到两个电脑教室,其中一组使用以字符为基础的用户界面,另一组使用图形化用户界面。制作出来的文件根据三个标准来评价:内容、格式与方法。(总结)就任何一种判断标准而言,这两组都没有显著的差异。②(主要观点)

以上三种模式中,第三种最好。前两种虽然基本上涉及了研究背景、研究问题与结论等内容,但研究发现部分的具体程度不够,读者看了可能无法清晰地了解论文的核心观点。下面是国内高质量学术期刊上论文摘要的两个例子:

☑ **案例 2-6**

本文以一项在中县的田野工作收集到的数据为基础,讨论了近年所

---

① [美] 韦恩·C. 布斯(Wayne C. Booth),[美] 格雷戈里·G. 卡洛姆(Gregory G. Colomb),[美] 约瑟夫·M. 威廉姆斯(Joseph M. Williams).研究是一门艺术[M].陈美霞,徐毕卿,许甘霖,译.北京:新华出版社,2009:208-209.
② 同上,第 209-210 页.

提出的"读书无用"的概念,主张把握当前社会转型时期宏观社会结构和教育机会分配格局的变化,并以此解读农村底层居民对于学校教育的认识。本文借助布尔迪厄的"生存心态"概念,将农村底层居民对学校教育所形成的认识看作社会的结构性因素内化为个体倾向系统的结果,并尝试用"读书无望"这一概念概括农村底层居民对学校教育的认识。本文特别强调教育和社会流动机会在不同社会阶层之间的分配容易转变为各个阶层对教育的主观"期望"的分层——对将来教育成就和社会流动终点的阶层化判断,提出要关注转型期社会结构不断固化的影响。

(谢爱磊."读书无用"还是"读书无望"——对农村底层居民教育观念的再认识[J].北京大学教育评论,2017,15(03):92-108+190.)

此摘要先用一句较长的话介绍了研究的背景("读书无用"论的盛行)与目的(用"读书无用"这一概念透视农村底层居民对于学校教育的认识),同时提及了研究的类型和方法(田野调查)。其次,简明扼要地说明了研究的核心内容、研究假设(将农村底层居民对学校教育所形成的认识看作社会的结构性因素内化为个体倾向系统的结果)、研究的理论视角(布尔迪厄的"生存心态"概念)与核心概念("读书无望"),相当于简略版的研究设计,以帮助读者更好地理解文章的主题与问题。最后着重强调了研究的核心论点,顺带提及了研究的一点建议(关注转型期社会结构不断固化的影响)。

☑ 案例 2-7

本文基于北京大学的本科教学改革,从学生的自由选择与制度的严格选拔入手,聚焦大众高等教育下精英培养的过程。本文分析了招生、人才培养与教学计划以及考试评价等制度,揭示出精英选拔的多重逻辑,广泛涉猎下的课程数量膨胀,严苛考评权力下的竞争主义,个体的理性经营和表现技艺。更进一层次,本文反思了在工具理性与消费主义侵蚀下校园的断裂、师生关系的异化以及教育本质的空洞。最后讨论了学生在自由选择的试错中所形成的性情特征。

(刘云杉.自由选择与制度选拔：大众高等教育时代的精英培养——基于北京大学的个案研究[J].北京大学教育评论,2017,15(04)38-74+186.)

此摘要的首句介绍了研究的背景(北京大学的本科教学改革)与目的(本科教育中的人才培养过程),之后部分分层次地介绍了论文的研究内容。第二句是论文的主要研究发现,第三句与第四句是对研究结论进行的精炼的概括。

(三) 摘要撰写的注意事项

摘要是论文观点的浓缩,作为文章的"门面",在撰写时,需要兼顾语言和结构,因此,在写作时要从语言表达层面和内容结构两方面加以注意。

1. 语言层面

就论文摘要的语言而言：首先,最基本的要求就是要做到句子通顺,句意清晰明白,方便读者阅读。因此要慎用长句,句型应力求简单,每句话要表意明白,无空泛、笼统、含混之词。其次,句子之间要上下连贯,有逻辑关联。前一句与后一句间要有清晰的逻辑脉络,善用逻辑衔接词,以避免读者在阅读时有突兀之感。最后,就是要注意字数限制问题。一般而言,期刊论文或平常的课程论文的摘要篇幅较小,通常在150—300字之间。①摘要太长则使摘要失去了"简介"、"概括"、"便于读者迅速了解文章内容"的功能,太短则有偷懒之嫌。② 因此,进行摘要写作时要注意表达精简,能用一句话说清楚的绝不用两句话。如大卫·希尔弗曼认为摘要写作就是一项技术,要用尽量少的语言说出尽可能多的东西,并尽可能地让摘要内容丰富且生动。③ 摘要中出现语言问题

---

① 风笑天.社会研究：设计与写作[M].北京：中国人民大学出版社,2014：157.
② 刘良华.教育研究方法(第2版)[M].上海：华东师范大学出版社,2014：171.
③ [英]大卫·希尔弗曼.如何做质性研究[M].李雪,张劼颖,译.重庆：重庆大学出版社,2009：249.

的案例如下：

⊠ 案例 2-8

影响大学生批判性思维发展的因素非常复杂，它不仅受到学生本身条件的影响，还受到外部因素的影响。就学生自身而言，其认识论发展水平和自我效能感等内在条件对其批判性思维发展具有深远的影响；学生的认识论发展水平与自我效能感越强，其批判性思维表现越好。就外部因素而言，教师的课堂教学策略、方法等对大学生批判性思维影响深刻……

（学生习作《大学生批判性思维影响因素研究》）

此案例的摘要中有很多句子都犯了表意不明、用词空泛的错误。如"具有深远的影响"、"影响深刻"等词就很模糊，何谓深远、深刻呢？且这段摘要表达较为拖沓，如第二句话可改成："就学生自身而言，其认识论发展水平和自我效能感等内在条件对其批判性思维发展具有正向影响"，这样看起来就简洁明了许多。

⊠ 案例 2-9

医学八年制是医学教育的新模式，自 2004 年在 12 所高校试办以来已有 5 年之久。在此期间，各方都尽力使这一新模式更加完善，然而八年制医学与一切的新生事物一样不可避免地存在优势与弊端……本文得出以下结论：医学八年制的培养目标有待明确；新型教学模式有待完善……

（学生习作《我国医学八年制发展现状的质性研究》）

此案例的摘要中也存在笼统含糊的用词和无效的句子。如"各方"具体指哪些主体？"然而八年制医学与一切的新生事物一样不可避免地存在优势与弊端"这句话无任何实际含义，表意也错误，说了一句常识性的话语，而作者想表达的是这种模式在诞生之初不可避免地存在某些不足。

2. 内容结构层面

内容结构方面是摘要写作需要重点关注的,具体应注意的事项有以下几点:

第一,不要把摘要写成引言或文献综述。摘要写作的一个常见问题便是将摘要当成引言来写,分不清摘要与引言的差别。引言主要是交代研究背景,为什么要开展这个研究,研究意义是什么。而论文摘要的写作重点不是对自己研究意图的介绍,尤其不是对研究背景或重要性的详细说明,而是用简洁明确的语言说明所要研究的问题,这个问题针对什么而提出,研究的结论是什么。但更严重的问题是将摘要完全写成了文献综述,如整段都在讲自己论文某个核心概念的界定、学者们对某个问题的讨论与争议等,这属于文献综述的范畴,而不是对论文核心观点的浓缩。具体案例如下:

案例 2 - 10

我国高校派遣访问学者进行访学是培养学术带头人和学术骨干的重要方式,该制度已经实施三十二年之久,一方面实现为高校培养骨干教师、提高业务水平的初衷,但另一方面在该制度的实施过程中也暴露出一些问题叩待解决。本文将对研究访问学者的论文进行分析,试图总结以往的研究,发现并试图提出问题,以期学者们进一步研究。

(学生习作《果然不虚此行 ——访问学者的访"华"心得》)

此案例中作者大篇幅地讲述了研究的背景,最后一句又明显属于文献综述范畴,无实际意义。而关于研究的发现,丝毫未提及,难以使读者获得有效的信息。

案例 2 - 11

本文通过对高等教育中专业性别隔离研究中关于概念、现状、原因(理论分析和现实因素)的文献进行梳理与综述。从全球范围的高等教育来看,的确存在着"男性专业"和"女性专业",学者们从生物本质主义、女性主义、学科刻板印象、社会控制理论和场域理论等理论对其原因进行阐释;同时,现实因素,例如高校招生的限制因素,也使专业性别隔离进一步恶化。

(学生习作《高等教育中专业性别隔离现象探因》)

此案例的摘要则完完全全是文献综述的写法,难以看出是质性研究的论文,最重要的研究发现没有呈现出来。

第二,突出文章的核心论点和创新之处,避免在研究背景和目的上着墨过多。摘要的一个重要作用就是方便读者快速浏览,以确定是否有用或是否适合自己的研究,所以摘要一定要突出文章的核心观点、创新之处,让读者阅读后一目了然,能大致了解该文的基本主题和观点。在这方面常见的问题就是重心偏移:在研究背景和重要性上叙述过多,而对更重要、必不可少的研究结果和结论却轻描淡写,甚至不提及。① 具体案例如下:

☒ **案例 2-12**

文献综述的质量对于研究生学位论文的质量具有重大的影响。一篇好的文献综述可以帮助研究者了解和掌握自己所研究主题的相关内容,从而从中发现现存研究的可借鉴之处以及存在的缺陷和空白。前人对于文献综述的研究已经十分丰富,这些研究无不揭示了文献综述的重要性、撰写方式和步骤等。但现存的研究大都从宏观着眼,很少从研究生学位论文文献综述的质量的角度来研究现今研究生文献综述中的欠缺。本文旨在运用文献分析法,通过分析现今研究生学位论文文献综述的质量来了解当下研究生文献综述中的问题,以此反应研究生培养在这方面的欠缺,为当下研究生的培养提供借鉴。

(学生习作《研究生学位论文文献综述的质量分析》)

---

① 张静.社会学论文写作指南[M].上海:上海人民出版社,2008:85-86.

此案例的摘要明显犯了结构失衡的错误,整段摘要中对研究背景的铺陈几乎占了一大半,而关于最重要的研究发现却没有陈述。

❌ **案例 2-13**

本研究采用个案调查法,以上海交通大学医学院为调查对象,访谈若干负责心理咨询服务工作的管理人员、专兼职老师和学生,全面了解该校心理咨询服务的现状及存在的问题。并针对调研中发现的主要问题进行分析。

(学生习作《关于高校心理咨询服务的调查——以上海交通大学医学院为案例》)

此案例的摘要中作者陈述了研究所采用的方法及研究目的,但最重要的研究发现却没有陈述。

第三,不要出现大而无当的、无实际意义的评价话语。 摘要的位置本身就决定了其篇幅要简短,各部分的内容要合理安排好,但在摘要中经常会出现一些毫无实际意义或指向性的句子,不仅使读者无法获得有效信息,还占用了摘要本身就宝贵的篇幅。诸如"研究将对某某的特点、内容等进行介绍,将有……的启示"、"本研究创造性地提出了……"之类的评价话语就很不可取,充斥着套话。摘要内容的叙述要尽可能地做到客观,作者本人不要对论文内容作诠释和自我评价。

第四,摘要中的研究发现部分不要直接照搬结论。 由于摘要是对论文核心论点的概括,因此一般会在正文内容全部撰写完后再进行撰写,但由此却产生了"直接将结论照搬至摘要处"的问题,这种做法很机械,摘要中研究发现的撰写需要结合上下句,做到逻辑贯通,语句通畅明确。这种做法也间接反映出作者对观点的概括能力不强,对自己的研究未形成通透全面的认知。案例如下:

❌ **案例 2-14**

随着现代信息技术的发展……非正式学习作为一种学习方式已构

成了学生学习的一个不可或缺的部分,与之伴随的非正式学习空间也逐渐受到学界的关注……结果发现,影响学生选择非正式学习空间的因素是复杂的,分为外部因素和心理因素,其中人际安全距离、边界效应、中国特色的"熟人"是其中的重要影响变量。影响学生非正式学习效率的因素分为外部因素和个人因素。占座作为学生提及的一个非正式学习空间的典型行为,笔者从占座心理和内群体两方面进行分析。

(学生习作《非正式学习空间的选择和体验》)

此案例的研究发现部分,是直接将正文研究结果部分中的标题进行了照搬,重点不够突出,尤其是"占座作为学生提及的……笔者从占座心理和内群体两方面进行分析"这句从正文研究发现中摘抄的观点没有传达出关键的信息,不适合放到摘要里。讨论完摘要写作中常见的问题后,下面再呈现一个摘要范例,以供参考。

☑ **案例 2-15**

自21世纪初的新课改以来,在强调教学方式变革的同时,非常重视新型师生关系的建构。本研究聚焦一位大学教师的教学理念及其教学行动所照见的师生关系,通过观察法、访谈法和实物收集法收集资料,运用情境分析法和类属分析法分析这位大学教师教学理念及其教学行动的理论基础,进而解释这位大学教师与学生构建的师生关系模式。研究发现该大学教师具有"以知识为中心,教师和学生共生知识"的教学理念,践行"师生共同提问、对话、争论、建构"的教学行动,构建了一种"解构教师知识权威,赋予学生话语权力"的师生关系,所有这一切源于"教师自我革命"式的"祛魅"。

(朱志勇,阮琳燕."自我革命"的挑战:一位大学教师的"祛魅"之路[J].教师教育研究,2018,30(04):80-91.)

此案例的摘要结构很清晰,依次呈现了研究背景、问题与发现,且详略得当。研究者先用一句话点明研究的背景或重要性,然后呈现文章的研究对象与研究方法,接着,重点陈述了研究的发现。

二、关键词

论文的关键词不同于非学术论文题材的关键词,其专指用来指示一篇论文中最核心的概念和最关键的内容的词汇。① 学术论文中将关键词单独列出来主要是为了便于读者进行文献检索,一般而言,学术期刊论文中的关键词数目为3—5个,用以说明论文的核心概念、主题、研究对象等。论文的关键词看似只是几个词语的选择,没有什么难度,但在选取时仍需遵循一些原则,具体的注意事项如下:

第一,就关键词的数目而言,需不少于 3 个,但不必多于 8 个。 大部分中文社会科学引文(CSSCI)来源期刊官网投稿指南都强调 3—5 个为宜,最多不超过 8 个。关键词如果太少,低于 3 个,则不便于他人检索文献。而关键词太多,超过 7 个就算不上"关键"。② 且格式上,每 2 个关键词间要用分号隔开。具体案例如下:

☒ **案例 2 - 16**

1. 关键词:医学八年制　培养目标　课程　质性研究

(学生习作《我国医学八年制发展现状的质性研究》)

2. 关键词:宿舍　女硕士研究生　人际关系

(学生习作《90 后女硕士研究生宿舍人际关系的质性研究》)

☒ **案例 2 - 17**

1. 关键词:心理咨询

(学生习作《关于高校心理咨询服务的调查——以上海交通大学医学院为案例》)

---

① 风笑天.社会研究:设计与写作[M].北京:中国人民大学出版社,2014:161.
② 刘良华.教育研究方法(第 2 版)[M].上海:华东师范大学出版社,2014:171.

2. 关键词：高等教育；专业性别隔离

(学生习作《高等教育中专业性别隔离现象探因》)

案例 2-16 的例子中，所犯的错误都是格式不规范，例 1、例 2 中的各关键词间未用分号隔开。案例 2-17 中的两个例子则是关键词数目太少，不满 3 个。

第二，关键词要有高度的代表性，尽量使用学科主题词。关键词设立的目的就是为了方便读者进行文献检索，因此要选取那些能充分反映文章主题与核心观点的词汇。关键词的选取有两个来源：一是从标题中选；二是从文章的主要内容、核心概念中提取。同时，应避免将"策略"、"框架"、"建议"等缺乏指向性的无效或低效检索词作为关键词。具体案例如下：

☑ **案例 2-18**

1. 关键词：义；差序体验；农民工子弟；同辈群体

(熊春文,史晓晰,王毅."义"的双重体验——农民工子弟的群体文化及其社会意义[J].北京大学教育评论,2013,11(1)：43-62.)

2. 关键词：理工科博士生；就业偏好；影响因素；混合研究

(徐贞.在哪里延续科研之路——理工科博士生就业偏好及其影响因素研究[J].高等教育研究,2018,39(07)：31-38.)

3. 关键词：女博士生；成就价值观；质性研究；扎根理论

(曹爱华.女博士生成就价值观的质性研究[J].中国高教研究,2007(12)：31-34.)

4. 关键词：新高考方案；县城高中；认同度；公平

(王世伟,姚维.在无奈与期待之间——县城高中学生对新高考方案认同度的质性研究[J].教育发展研究,2018,38(22)：53-57.)

例 1 的文章想探究的是当前农民工子弟群体的文化生产过程，其中，"义"是文章的核心概念与发现，"差序体验"是对研究发现的精简概括，

"农民工子弟"与"同辈群体"指出了研究对象与内容。因此,该文的关键词具有较高的代表性。例2、例3的关键词,可以归为一类,即前3个关键词表明了研究对象、研究内容或研究问题,最后一个强调文章的研究方法或采用的理论视角。例2中的"混合研究"表明该文采用的是混合研究方法,即定量研究与质性研究相结合的方法。例3的"扎根理论"可以表明该文作者是通过扎根理论这一质性研究方法来探究研究问题。而例4中的4个关键词都有较强的指向性,表明了文章的研究对象与内容。

案例 2-19

1. 关键词:高校;场域;择偶观;择偶行为;难择偶

(学生习作《从择偶标准、择偶行为来看女硕士研究生择偶难问题》)

2. 关键词:非正式学习;空间;高校;学生

(学生习作《非正式学习空间的选择和体验》)

3. 关键词:聘礼;现象;社会文化

(学生习作《婚姻聘礼的来源与社会功能透视》)

例1中最重要的研究对象"女硕士"未纳入关键词之列,且该文并没有采用"场域"的相关理论及概念,只是提及了在高校这一场域下探究女硕士的择偶难问题,故"场域"一词不具备代表性,并不能作为关键词。例2的关键词几乎都过于模糊,不能明确反映文章的研究内容与主题,该文正文部分用空间社会学和空间心理学的理论视角分析非正式学习行为,因此,关键词将"空间"改为"空间社会学"与"空间心理学"指向更明确。且"学生"一词所指范围很大,小学生、中学生都从属其中,因此不够明确。例3中的"现象"、"社会文化"关键词均为低效检索词,完全没有反映文章的主旨。

第三,有些关键词可能与标题中的核心概念重叠,但不宜直接把论文标题拆成几个词语,选取几个来作为关键词。因为标题中的词汇有时并未囊括所有能反映文章核心内容的词汇,我们还需要从正文中寻找那

些出现频率较高的词汇或核心理论概念。比如一篇研究大学生科研能力影响因素的论文,标题是"大学生科研能力影响因素研究——基于H校的实证分析",如果将关键词写成"大学生、科研能力、影响因素、实证分析"就不够精确。因为只有"大学生、科研能力"这两个词符合关键词的要求。"大学生"揭示的是该研究的对象,"科研能力"指明了研究的主题,而"影响因素"、"实证分析"这两个词都比较模糊,未反映论文的核心概念和关键内容,不能成为论文的关键词。具体案例如下:

☑ 案例 2-20

1. 关键词:批判性思维;创造性思维;心智模式;好奇心;想象力;价值取向

(钱颖一.批判性思维与创造性思维教育:理念与实践[J].清华大学教育研究,2018,39(04):1-16.)

2. 关键词:文化资本;家庭背景;名义文化资本;实在文化资本;高等教育获得

(王处辉,朱焱龙.文化资本的"名""实"分离——中国语境下文化资本对高等教育获得影响的重新检视[J].高等教育研究,2018,39(07):17-23.)

例1中,关键词有6个,根据该文的观点,批判性思维可分为能力和心智模式两个层次,其中,心智模式最重要。而创造性思维由知识、好奇心和想象力、价值取向三个因素决定。故例1中的关键词能有效、全面地反映核心内容和概念,倘若写成"批判性思维、创造性思维、理念、实践"就有问题了。例2中的关键词都具有较高的代表性,"文化资本"、"名义文化资本"、"实在文化资本"指出了研究中最关键的结论与最重要的理论概念,"家庭背景"与"高等教育获得"指出了研究的内容与主题。

✗ 案例 2-21

1. 关键词:学术职业认知;学术职业意向;影响

(学生习作《女硕士的学术职业认知及其对学术职业意向的影响》)

2. 关键词：上海市、研究型高校、大学生、入学准备、质性研究

（学生习作《上海市研究型高校大学生入学准备的质性研究——基于四位大学本科生的访谈调查》）

3. 关键词：过度教育；硕士毕业生；看法；上海高校

（学生习作《硕士毕业生对过度教育的看法——以我国上海某双一流高校 E 校为例》）

例1的关键词均来源于标题，但最重要的研究对象"女硕士生"却未作为关键词。且"影响"一词过于宽泛，不具备专指性，可见该作者在选取关键词时未主要根据研究内容，而是直接从标题中选取了几个词汇。例2的问题与例1一样，全部的关键词在标题中均可找到，但此标题本身有问题，表意不明确，作者只调研了其所在学校的学生，故"上海市"、"研究型高校"与文章的研究内容无关，不宜作为关键词。例3与例2的毛病完全相同，文章标题本身有问题，作者未根据研究内容来定关键词，而是全部从标题中选取，致使关键词的代表性不强，不能突出文章的研究主题与内容。

第三章
案例分析：导言与研究方法

一般而言,与量化研究写作有固定结构不同,质性研究写作涉及的规则较少,对结构要求不多,①但即便如此,大部分的质性研究文章也仍都包含"引言、研究的主题或目的、相关的文献回顾、研究的方法、研究发现、结论与建议"等部分。②其中,有关研究问题的提出、研究方法的介绍和研究发现的展示,是质性研究文章的构成主体。在后文中,我们将对质性研究文章各类结构的写作方法依次作介绍。

---

① 李晓凤,佘双好.质性研究方法[M].武汉:武汉大学出版社,2006:225.
② 同上,第 229-231 页。

第一节 导言

导言又称引言、绪论、前言等,有些文章虽然没有明确的导言部分,但是其第一部分会有"研究背景与问题的提出"或者"问题的提出",实际上,"问题的提出"部分和"导言"部分的构成一致,功能一致,因而写作要点相似。因此,这里将"导言"部分和"问题的提出"部分合并起来介绍。在接下来的有关介绍中,质性研究文章的第一部分我们将统一称作导言。

作为正文的第一部分,导言的重要性不言而喻,它从整体上展示了研究的大致样貌,使读者对整篇文章有一个较好的把握。同时导言不仅促使读者进一步扩宽阅读范围,还促使其关注该论题的研究价值。① 在质性研究的写作中,导言的写作需要注意导言结构与写作用语规范。

一、导言的构成

(一) 研究背景

研究背景也称问题提出的背景,是导言的重要组成部分,② 研究背景一般要突出研究的重要性、紧迫性与价值等。研究背景大致有三种来源:一是来源于文献,这类似于克雷斯韦尔所说的缺陷型导言模式,该导言模式的核心,即梳理并呈现已有

---

① [美]约翰·W.克雷斯韦尔.研究设计与写作指导[M].崔延强主译.重庆:重庆大学出版社,2007:59.
② 风笑天.社会研究:设计与写作[M].北京:中国人民大学出版社,2014:320.

相关研究的不足之处;①二是来源于理论,即基于某种理论背景,做具有不同理论视角的研究;三是来源于现实,以研究当前社会中的问题为主,这一来源覆盖面较大,宏观层面可涉及到国家政策,而微观层面可能基于研究者的日常兴趣或发现。

一般而言,质性研究者在写作研究背景部分时不必具体划分各类来源,在实际写作中,这三种来源往往混合出现在研究背景当中,或者三种其中的两种混合也较多,但需尽量避免仅有一种研究背景来源,因为单一背景往往没有足够的说服力。

☑ 案例 3-1

过去 30 年中国社会经历了巨大的社会变革,随着各种西方思潮的涌入以及中国传统文化的式微,我国的中小学教师面临着越来越艰巨的挑战。虽然过去十多年国家基础教育课程改革取得了瞩目的成就,改革的趋势已经不可逆转,但"素质教育"与"应试教育"难以兼容的两难困境依然存在……绝大部分教师教育和教师研究的概念和理论都来自西方,对中国教师的现状进行深入的实证调查并提出新颖理论视角的研究比较少。此外,对教师进行研究的学者(包括中国学者)通常将教师的素养(如知识、技能和师德)作为相互分离的部分进行考察。除了极少数研究者使用较为整体的概念来描述教师的实践性知识,如"专业知识图景"和"教学机智",绝大部分研究者使用的都是分类的方法。分类法能够分门别类地揭示教师的思维和行动,但也很容易导致对教师实践的"破坏性分析"。

(陈向明.优秀教师在教学中的思维和行动特征探究[J].教育研究,2014(05):128-138.)

本文的导言亦即问题的提出部分,该部分首先为读者展现当前中

---

① [美]约翰·W.克雷斯韦尔.研究设计与写作指导[M].崔延强主译.重庆:重庆大学出版社,2007:61.

小学教师教学面临的现实挑战,接着结合当前已有文献和相关理论,简要概括出该领域当前的研究现状,通过这部分的介绍,使读者在阅读之初便能理解本篇质性研究文章研究问题的含义,也为后面研究内容的展开提供了很好的背景铺垫,是值得学习的质性写作导言部分的案例。

☑ **案例 3-2**

近年来,不少研究者就农村底层居民关于学校教育的价值观念作了一些新的观察。有研究指出,新"读书无用论"正在农村底层蔓延并正在造成不利的影响……不过,对于"读书无用论"这一概念所要传达的本质,研究者的解释却有不少出入……尽管这些梳理在论据和论点上都值得商榷,梳理过程中展现的资料却值得深入挖掘——不同时期"读书无用论"思潮背后有一条基本的线索,即个人的生活机遇……普通人对读书与个人生活机遇之间关系的理性思考提醒我们,对当前所谓的"读书无用论"要有更深入的审视。诚如米尔斯(Wright Mills)所言,个人往往对于自己身处的社会结构所施加的约束缺乏足够清晰的认识……将底层居民关于学校教育价值的基本观念概念化为"读书无用论",并从他们自身对于学校教育作用的工具性思考来解释无用论的成因,容易造成对社会问题的个体化诊断或导致威廉·莱恩(William Ryan)所言的"谴责受害者"的现象。

(谢爱磊."读书无用"还是"读书无望"——对农村底层居民教育观念的再认识[J].北京大学教育评论,2017,15(03):92-108+190.)

该研究背景的论述综合了三类研究背景来源。当前的现实背景——新"读书无用论"正在农村底层蔓延并正在造成不利的影响;已有的研究背景——对于何为"读书无用论"及其成因的不同的理解与解释;相关的理论背景——威廉·莱恩(William Ryan)所言的"谴责受害者"的现象。

案例3-3

近年来,学前教育这一"朝阳产业"正蓬勃发展,幼儿园也如雨后春笋般设立起来。社会对教师的关注程度日益增加,要求也逐渐提高。2009年中央教育科学研究所学前教育研究室印发的《幼儿园教育质量评价手册》中,将教师教学行为列为重要指标之一;2012年,教育部为促进幼儿园教师专业发展,建设高素质幼儿园教师队伍,根据《中华人民共和国教师法》,制定了《幼儿园教师专业标准(试行)》,从专业理念与师德、专业知识、专业能力三方面做出了要求;2018年两会期间,政协委员刘利民在谈学前教育时强调要加强教师队伍建设,培养高素质的幼儿园教师。

(学生习作《幼儿园歌唱教学情境下新手教师教学特征分析——基于CLASS》)

在该案例中,作者着重介绍了学前教育作为"朝阳产业"正蓬勃发展的这一背景,且多是国家政策文件的罗列,没有更为具体的分析。此外,该部分的介绍仅仅涉及国家的政策,对于已有研究和相关理论等内容均没有呈现。同时,背景介绍与该研究的主要研究问题——新手教师教学特征的联系不到位,影响了其作为导言的重要作用的发挥。

(二) 研究问题

研究的问题是一个研究的出发点,是研究最终要解决的目标。也是整个研究围绕的核心。

研究问题部分一般被认为会涉及到研究问题提出的背景、研究问题的具体内容、研究问题的价值和意义三部分,其中研究问题提出的背景与上述已经介绍过的研究背景一致,研究问题的价值和意义将在下文中介绍,因此这部分仅关注具体的研究问题的写作。研究问题的写作需注意以下四个方面:

1. 要明确呈现出具体的研究问题，一般采用问句的形式。

☑ **案例 3-4**

我们以中国的文化传统和当代社会结构作为背景，采用整体探究的视角，对这些教师在教学中的思维和行动特征进行研究。研究的主问题是：这些中国教师在教学中的思维和行动具有什么样的社会文化特征？主问题被分解成如下两个子问题。

（1）这些教师如何理解教学？（教学对他们意味着什么？）

（2）他们的典型教学行动呈现什么样态？（他们具体是如何应对两难困境的？）

这两个问题相互关联，教师对教学的理解引导着他们在日常教学中的具体行动，而教师的行动样态又反过来映照出他们对教学的理解。

（陈向明.优秀教师在教学中的思维和行动特征探究[J].教育研究，2014(05)：128-138.）

这篇质性文章的问题提出部分十分明确，作者首先指出该研究的主问题，而后将主问题分解为两个子问题，且清晰明确地以疑问句的形式展现出来，可让读者迅速把握整个研究的核心。同时，作者在将问题呈现出来之后，还做了补充解释，这有助于读者加深对于研究问题的理解。概括而言，这部分的格式规范，表述清晰，是可以学习的典型案例。

☒ **案例 3-5**

国家在充分认识到少数民族高层次骨干人才培养工作在促进民族地区经济社会发展、增强民族团结和维护国家统一中的战略作用的情况下，于2006年正式实施培养少数民族高层次骨干人才计划……少数民族骨干研究生是影响国家有效实施"少数民族高层次骨干人才计划"的重要因素。但"该计划实施数年，时有违约现象出现。"如果不及时寻找有效途径对他们进行必要的教育和引导，建构和增强他们自身的角色认同，不仅会对他们的成长和成才产生障碍，还会对实现国家"少数民族高层次骨干人才计划"的目标产生消极影响,也会造成国家教育资源的巨大浪费。

(学生习作《少数民族骨干研究生角色认同个案研究》)

该案例节选自学生习作中的问题提出部分,虽然该案例对于研究背景的介绍较为详细,但很明显,作者没有明确提出所要研究的问题。

2. 表明研究问题所涉及的主要研究内容。

研究问题的内容在导言中占据篇幅不大,但是十分必要,这一部分主要是对研究问题的具体解释,通常以框架的形式呈现,使读者全面了解研究问题和对象。其内容十分概括,可以包含研究对象、方法、过程、理论视角以及相关的结论等等。这一部分具有衔接导言与后文的过渡作用。

☑ 案例 3-6

本文的研究对象正是置身这一场变革之中的本科学生,通过他们所体会的制度、他们所作出的选择来考察研究型大学中本科教育的本质与功能,准确地说,在高等教育大众化时代,精英究竟如何培养?本文将仔细讨论:这些"拔尖"的学生究竟是谁?他们是如何被选拔到北京大学的?在本科教学改革中,他们究竟如何学习?培养方案、教学计划、考评制度的调整对他们产生什么样的影响?他们是如何做出选择的?在专业、课程、导师、社团、实习、交流、考研等既按部就班又环环相扣的培养与教学制度中,他们究竟受到了什么样的教育?制度如何塑造他们的心性与惯习?

(刘云杉.自由选择与制度选拔:大众高等教育时代的精英培养——基于北京大学的个案研究[J].北京大学教育评论,2017,15(04).38-74+186.)

该案例中明确了研究问题,但在细化研究问题的内容方面有些不同,该案例通过列举具体的问题逐渐将研究问题的内容呈现出来,随着这些问题的解决,最终的研究问题也将迎刃而解。因此,无论是陈述形式还是疑问形式,都可以作为对于具体研究问题的呈现方式。

☒ **案例 3-7**

研究问题

本研究将以上海市某小学为例,了解小学语文教师课堂评价语言现状,通过观察和访谈再结合理论,分析教师的课堂评价语言的生成模式,最终找到改善教师课堂评价语言现状的策略。

(学生习作《小学语文教师课堂评价语言生成的个案研究》)

该案例是学生习作中研究问题部分的内容,首先,该案例的内容没有明确的研究问题,作者以较为宽泛的语言陈述了自己的研究内容;其次,介绍过于简单,因为研究问题在研究中处于核心位置,而习作中的研究问题则无法发挥这一功能。

3. 研究问题要有概括性,语言简洁有力,以某一个或几个问题为主,同时设计几个辅助研究问题。

如克雷斯韦尔认为应注意研究问题之间的主次区别,因而提倡在研究问题写作过程中区分中心问题和辅助问题,他建议研究者可以提出 1—2 个中心问题,最多 5—7 个辅助问题。几个辅助问题围绕一个中心问题展开,这种方式可以帮助研究者缩小研究范围。①

☑ **案例 3-8**

大学教师(如同其他学段的教师一样)对"好老师"的理解普遍存在困惑。……为了解答上述困惑,本研究确定了"大学教师是如何理解'好老师'的?"这一主问题,并且在研究起初将主问题细化为如下三个具有内在逻辑的子问题:

1) 在这些大学教师看来,"好老师"具有哪些特征?

2) 这些特征为什么对他们而言是重要的?

---

① [美]约翰·W.克雷斯韦尔.研究设计与写作指导[M].崔延强主译.重庆:重庆大学出版社,2007:85.

3) 他们对"好老师"的理解对于自己作为大学教师产生了什么影响?

(李方安,陈向明.大学教师对"好老师"之理解的实践推理——一项扎根理论研究的过程及其反思[J].教育学报,2016,12(02):58-70.)

该案例中,作者区分了其所提出来的研究问题的层次,即一个主问题以及三个子问题,这样能使得研究更加聚焦。当然,是否采用这种方式应根据研究者和研究问题随机应变。

4. 正确区分研究主题和研究问题,两者的概念不可混淆。

刘良华认为,研究的主题往往提示了研究的问题。研究的主题与研究的问题有时是重合的。研究的主题一般只提示研究的意向或方向而不直接"提出问题",具体的研究问题需要研究者直接呈现于文章中。研究的问题可以是一个,也可以是多个。①

☑ 案例 3-9

……现有的研究虽然对美国留学生的跨文化人际交往有些许描述,但还不够全面和深入。因此,我们有必要以美国来华留学生的跨文化人际交往为题,探讨对中美跨文化人际交流有可能产生负面影响的文化差异、语言障碍和跨文化交流中常见的刻板印象……中国师生是美国留学生交往的主要群体之一。限于篇幅,本研究就美国留学生和中国师生的跨文化人际交往提出以下的主要研究问题:

1. 中美跨文化人际交流中存在什么刻板印象?
2. 哪些中美文化差异对跨文化人际交流有负面影响?
3. 中美跨文化人际交流中的语言障碍如何体现?

(潘晓青.美国在华留学生跨文化人际适应质性研究[J].比较教育研究,2014,36(08):74-81.)

该案例中,作者在前述分析研究背景后,确定了研究的主题即美国

---

① 刘良华.教育研究方法:专题与案例[M].上海:华东师范大学出版社,2007:149.

来华留学生的跨文化人际交往,但是作为主题而不是研究问题,美国来华留学生的跨文化人际交往包含较多可研究的侧面,需要进一步具体化,因而作者在该研究主题的基础上又明确了三个具体的研究问题。

☒ 案例 3-10

新生适应有客观、主观两个范畴。客观范畴是指新生在大学生活中所要求的各种能力、特征的完善和娴熟,这是"大学生"这个新角色顺利扮演所必备的客观要求。而主观范畴是新生的心理体验,有时候,新生的适应不良并不是客观技能上不能符合大学的要求,更多的是主观心理层面对于大学生活的负面情绪。技能范畴上的适应需要一个长期发展的过程,因为能力的培养要经过恰当的经验和特定的训练习得,而从主观范畴上着手,从新生对于大学的认知入手,扭转他们对于大学的态度和评价,是在新生入学阶段就能有效实施的可行性手段,并且可以在短时间内取得明显成效。

在探讨新生发展问题时,不能将其作为一种静态结果对其影响因素进行分析,忽略发展过程的动态变化性以及主体能动性,应该落实到具体情境中,挖掘新生与大学环境互动的细节,确定新生适应的过程和需求,发展出适合本校具体情况的学生服务方案。综合以上因素,本研究从认知结构视角对新生适应问题进行研究,并对学校相关新生服务性工作提出建议。

(学生习作《大学生入学前后的大学认知对新生适应影响研究》)

在该案例中,虽然作者介绍了较多有关新生适应的研究背景,但是整个导言中,与研究问题相关的只有一个"从认知结构视角对新生适应问题进行研究"的研究主题,而该主题下的具体研究问题十分丰富,但是作者并没有给出其所要研究的具体问题,导致该篇习作不完整。因此撰写研究问题时,一定要区分清楚研究主题和要解决的研究问题。

(三) 研究目的和意义

在介绍过研究的背景和具体的研究问题后,研究的目的和意义也需要在导言中报告,这是导言的重要的组成部分。① 研究目的在于你希望通过研究最后想解决什么问题,而研究意义与研究目的并不能完全分开,研究意义即研究最终结论所产生的意义,往往研究意义也是研究目的中的一部分。因此在导言中,这两者无严格的区分界限。研究意义一般包括学理意义和实践意义两部分。

☑ 案例 3 - 11

……倘若我们采用现代性的历史观来考察社会变迁,那么,我们必然会相信,初等教育空间的兴起必然会促使原来地方社区的文化传承转变为"现代化"的、超地方的"国家事业"。问题是,事实是否如此?解答这个问题,不仅有助于我们理解现代教育空间拓展过程中面临的本土文化问题,而且也有助于我们从一个独特的角度,反思现代性在现代中国的整体命运……这篇论文的撰写目的,在于通过考察乡土中国现代教育空间的确立过程,来展示现代性兴起过程中民间传统社会与文化观念的持续作用,为现代性与地方传统之间互动关系的分析提出一个可供延伸的地方性洞察方法。

(王铭铭.教育空间的现代性与民间观念——闽台三村初等教育的历史轨迹[J].社会学研究,1999(06): 103 - 116.)

该写作案例给我们呈现了研究的目的和意义的写法,这部分的内容不需要长篇大论,但也是不可缺少的。如下面这个学生习作案例,从研究的问题来看,该研究具有较大的现实意义,但是作者并没有点出,影响了研究价值的呈现。

---

① 风笑天.社会学研究方法[M].北京:中国人民大学出版社,2009:320.

☒ 案例 3-12

本研究的出发点源于对研究生生活的观察,在经验层面,这样的一番对话经常出现在导师与学生之间,导师对学生说:"学硕是用来静下心来读书、学习和搞研究的,不要只想着找实习、找兼职,成天在学校见不到人影。"但是学生又反应道:"自己不是学术研究的料子,何必花时间在研究上,能毕业就行,找个好工作才是最重要的。"从这番对话中可以看出,师生对学术型研究生的定位和理解是存在矛盾的。观察周围的在读研究生,导师对学生的行为不满意,学生对导师所提出的要求不理解的现象也时常发生。这激发了研究者对我国研究型大学学术型硕士入学动机这个问题的关注。

(学生习作《我国研究型大学学术型硕士入学动机质性研究报告》)

二、研究问题的语言规范

写作过程中,除了"导言的构成"应该注意外,导言的语言和其它写作方面的规范同样重要。导言写作中主要的语言规范如下:

1. 语言简练概括,表达清晰,突出重点,实事求是。选择常用语言而非专业术语。

2. 开门见山,不故作高深,不写无关背景信息。

研究者在写作时,要为读者着想、不能为了故意显示自己的广博学识而加入无关的背景信息。开篇就要与研究主题密切相关,同时在写作过程中,要用必要的时间和空间,把读者引入到对特定问题的正式的或理论化的陈述中来。[1]

3. 导言尽量不要与摘要内容雷同,不要大段诠释基本理论,不要详细介绍研究方法,也不要论证公式。

---

[1] 风笑天.社会研究:设计与写作[M].北京:中国人民大学出版社,2014:153.

☑ 案例 3-13

随班就读经过几十年的实践取得了巨大的成就,尤其对特殊儿童入学率的提高起到重要作用。至 2014 年,在普通小学、初中随班就读和附设特教班中就读的特殊儿童达到 52.94%,随班就读已成为我国残疾儿童教育的主体形式之一。随着特殊儿童在普通学校入学在量上的明显提高,研究者们也越来越关注随班就读的教育质量,有研究者认为随班就读的重点应落实在"读"上,"随"仅仅是安置形式,"读"才是实质。在目前随班就读大力推行同时,却有一定比例的残疾学生从普通学校回到特殊学校就读——出现"回流"现象。如果人们只关注残疾学生"进入"普通学校的比例和门槛,而不在意他们"退出"普通学校的过程,那么随班就读就如同一个一边进水一边放水的箱子,不断吸收有限的资源,却又不断流失它们。因此随班就读的发展与随班就读儿童回流这一对矛盾需要相关人员对此进行研究并采取积极的措施,以保障随班就读有效地进行,真正促进儿童的发展……

(傅王倩,肖非.随班就读儿童回流现象的质性研究[J].中国特殊教育,2016(03).3-9.)

该案例中,文章的研究主题是随班就读儿童的回流现象。一开始作者介绍了随班就读情况的现状,而后对随班就读的相关信息进行了介绍,最后慢慢深入到研究者所要研究的领域。这是开门见山而后逐步深入主题的写作模式。

☒ 案例 3-14

国家在充分认识到少数民族高层次骨干人才培养工作在促进民族地区经济社会发展、增强民族团结和维护国家统一中的战略作用的情况下,于 2006 年正式实施培养少数民族高层次骨干人才计划。该计划旨在"努力培养造就一大批坚定地拥护党的领导和社会主义制度、坚定地维护民族团结和国家统一、为西部大开发和民族地区的发展乐于奉献、具有较高科学人文素质和创新能力的少数民族高层次骨干人才;逐步缓解和扭转西部和民族地区少数民族高层次人才匮乏的状况,改善少数民族人才的层次结构,提升少数民族人才存量的综合水平,为我国民族团结进步事业和全面建设小康社会伟大目标的实现提供强有力的人才和智力支撑。"

少数民族骨干研究生是影响国家有效实施"少数民族高层次骨干人才计划"的重要因素。但"该计划实施数年,时有违约现象出现。"如果不及时寻找有效途径对他们进行必要的教育和引导,建构和增强他们自身的角色认同,不仅会对他们的成长和成才产生障碍,还会对实现国家"少数民族高层次骨干人才计划"的目标产生消极影响,也会造成国家教育资源的巨大浪费。

(学生习作《少数民族骨干研究生角色认同个案研究》)

该案例中,作者一开始便提及少数民族高层次骨干人才培养,但是实际上,有相当多的人是不了解这个概念的,而这个概念在后文中仍然多次出现,这就给阅读者造成了不小的困难。对于较为专业和一般人较为陌生的研究主题和研究问题,作者往往应更加充分地介绍相关背景,而不是在行文一开始就让人摸不着头脑。

案例 3-15

国内访问学者制度是规范指导高校教师访问学习的一整套规则、要求和行为规范,它是根据我国国情设立的以高校教师为主体、以开展科学研究为主要内容的一种职后继续教育形式。1986 年 1 月 23 日,原国家教委提出《高等学校接受国内访问学者的试行办法》的条例,该《试行办法》为一般高校培养了学术带头人和学术骨干,同时加强了校际之间的学术交流,在很大程度上改善了当时高校教师缺乏学术骨干和学术带头人的状况。1996 年国家教委发布了《高等学校教师培训工作规程》,进一步将高等学校教师培训工作规范化、制度化。为了贯彻落实《2003—

2007年教育振兴行动计划》,根据《高等学校"高层次创造性人才计划"实施方案》,教育部决定实施"高等学校青年骨干教师国内访问学者项目"。这些办法和条例的制定和实施,明确了高校教师接受进一步学习的必要性,同时也为高校教师的继续教育提供了有效的途径。

(学生习作《果然不虚此行——访问学者的访"华"心得》)

该案例中专有文件名等较为复杂,且对于访问学者制度介绍不足,对于不了解该研究领域的读者来说,可能较为吃力。对于复杂的概念可以解释透彻,对于较为复杂的文本可以简化处理。

对写作原则的介绍,案例不多,重要的是研究者在写作过程中应记住其中的规则,然后在质性研究写作的过程中有意规避陷阱,而做到这一点,需要研究者多加用心以及认真思考。

第二节 研究方法

研究方法是对解决问题的方式和途径的概述,研究方法与资料是论文的基石,①这一部分不仅仅要说明研究者采用了何种研究方法,还要说明该研究方法与本研究的契合性,即为什么选择这种研究方法。读者不仅仅需要了解研究结果,还需要了解研究过程是如何展开的,只有深入地了解研究方法,读者才能客观地评价研究是否科学、是否有价值和意义。②

根据研究方法这一章的功能及其含义,我们可以确定,研究方法的写作需要关注两个方面的内容:研究方法章节的构成以及研究方法写作的语言和伦理规范。

一、研究方法部分的构成

(一)研究方法以及选择该研究方法的原因

要明确指出该研究所用的具体研究方法,并解释为何采用这种研究方法,研究者要表明其所选择的研究方法能真正较好地解决其研究问题。③

介绍研究方法时不宜太过简单,同时要注意,研究方法应该区分层次和类别,将不同的研究方法归类并且分类列举。不能将不

---

① 蔡今中.如何撰写与发表社会科学论文:国际刊物指南[M].北京:北京大学出版社,2016:79.
② 范柏乃,蓝志勇.公共管理研究与定量分析方法[M].北京:科学出版社,2008:326.
③ 同①,第79-80页。

属于同一个层次的各种研究方法杂糅、并列,比如质的研究法、观察法、访谈法、叙事研究法等并不属于同一个层次,因而不能说"本研究的研究方法是质的研究法、访谈法"。此外,除非某些特殊情况,一般不将文献法视为独立的研究方法,文献研究是所有研究的前提条件。①

☑ **案例 3-16**

我们试图摒弃从"理论到理论"的德性研究方法,转而使用实证性的质性研究去探索大学教师的德性现状。我们尝试将普通的德性概念推演到大学教师这一特殊群体中去,去理解大学教师的德性观以及他们对德性的理解如何影响到他们的日常工作行为,通过深度访谈对"认知类型"和"教师德性"这两个内隐性概念进行解读和分析。

(张磊,查强.从大学教师的"学术属性"到"道德属性"——一项以加拿大14位大学获奖教师为例的质性研究[J].清华大学教育研究,2015,36(06):70-80.)

上述案例是文章研究方法的第一部分,作者指出本研究使用了实证的质性研究方法以及具体的深度访谈法,而作者选用这两种方法的原因则是由于作者通过对原有众多的从理论到理论研究的分析,认为如果要回答作者提出的研究问题,原来的研究方法已经不再适用,因而作者提出针对本研究的方法。

☒ **案例 3-17**

首先,在研究对象的选择上,主要考虑参与者对研究是否有兴趣,能否提供丰富的材料,以顺利实现研究材料的搜集。好课属于一种课程教学评价标准,科学的评价总要基于一定的理论基础,尽可能减少无关因素的影响。所以,掌握一定课程评价原理的受访者更加能够从客观的角度进行回答。同时,考虑到研究的可行性,受访者主要是基于自己的人

---

① 刘良华.教育研究方法:专题与案例[M].上海:华东师范大学出版社,2007:152.

脉关系,进行最优化的选择。本次研究的受访者是一名学习课程教学评价的硕士一年级学生,跟研究者也较为熟悉。在与她的偶然交流中,我发现她对于好课评价也颇有兴趣,遂邀请她接受我的采访。在看完访谈提纲后,她很高兴地答应接受我的采访。

但是,由于正值暑假,大家能够当面坐下来采访的机会较为难得,于是我们商议采取微信聊天的方式进行采访。现如今,微信已成为大众非常乐于使用的即时聊天软件,可发送语音也可发送文字,在微信上的采访可以减轻场景的变化对研究者和受访者造成的心理压力,受访者也更加愿意说出自己内心的真实想法。同时,保留的聊天记录也可以为数据收集提供方便。

(学生习作《高校"什么样的课算一门好课"——基于学生视角的质性研究》)

该案例中,作者不仅仅没有在"研究方法"这一部分明确指出研究所用的研究方法,也没有指出该研究方法具体的适用情况以及为何采用该方法,而是将研究过程描述出来,但是这显得过于表面,逻辑层次也不够清晰。研究过程虽然需要介绍,但是应具备一定的逻辑性。

(二) 研究样本特征及取样方式

要明确研究的样本,即要明确调查的对象和内容,[①]明确调查对象的各类特征,要说明选择该类研究对象的理由,重点突出该研究对象与研究问题之间的契合性,同时要说明选择研究对象的方式。

☑ **案例 3 - 18**

为澄清有关教学专长构成的争议,本研究拟采用常人方法学和胜任特征分析方法,以小学数学教师为对象,通过深度访谈和行为事件访谈,获得第一手资料……

---

① 风笑天.社会研究:设计与写作[M].北京:中国人民大学出版社,2014:181.

……对象的选取。

从某市的三所重点小学选取25名数学教师,同时考虑其性别、教龄、学历、任教年级等特点,以确保样本的代表性。其中男教师9人,女教师16人;教龄1~4年4人,5~10年8人,11~15年6人,15年以上7人;年龄30岁以下9人,30~39岁14人,40岁以上2人;学历专科3人,本科18人,研究生4人;任教年级三年级以下10人,三年级以上15人;职称小学一级及以下10人,小学高级及以上15人……

(蔡永红,申晓月,王莉.小学教师教学专长的构成研究[J].教育学报,2015(01):36-45.)

在该案例中,研究者清晰地点出该研究所用的研究方法以及选用该研究方法的原因,其次,作者介绍了取样的群体和特征,并从样本代表性的角度说明了取样的合理性。

☒ 案例 3-19

鉴于本文主要聚焦在析因研究,故采用访谈法,并将研究对象设定为参与过或正在参与社区教育(以≥1年为宜)的女性以及参与又退出或未参与过社区教育的男性(以"是否报名注册成为正式学员"作为参与与否的标准),所选取的研究对象的年龄集中在55—65岁,最终共访谈女性、男性各两名,来源于上海市两个区。为保障研究对象的隐私,并经研究对象同意,本研究的四名研究对象将分别化名为Y1、Y2阿姨,T1、T2叔叔。

(学生习作《社区教育参与的性别差异探因》)

该案例主要有三个问题,首先虽然指出了本研究采用的是访谈法,但是过于笼统,不够具体。其次,对于采用该研究方法的背景原因没有进行详细介绍,无法判断该方法的适当性。第三,在介绍研究对象时,内容安排过于随意,没有明确的抽样方式,同时没有具体的关于样本特征的描述。

（三）资料搜集方法以及搜集过程和工具

详细介绍收集资料的途径和方法，①比如通过访谈法或实验法收集资料，要理清访谈提纲和实验的设计过程等。容易出现的错误是：只提示一个或几个具体的收集资料的方法，比如观察法、访谈法，而不说明如何观察，不交代访谈的过程、不描述参与者的特征等。除却介绍数据搜集过程外，还需要详细描述收集资料的工具，比如使用了录音笔、摄像机、问卷或量表等。②

☑ 案例 3-20

在实地调研工作中，笔者主要采用的资料收集方法是文献法（主要是指对相关政策和地方志等类型档案和文本的收集和分析）、访谈法和撰写田野日志。有关文献包括：当地所属省、市统计部门刊发的统计年鉴和编撰的地方志，当地统计部门通过官方网站公布的有关地方经济和社会发展的统计数字，当地主管部门（例如教育局等单位）组织编撰的地方志、教育志……对这些材料的系统分析是了解当地社会与教育背景、相关教育制度与政策的主要手段……同当地居民的访谈很少采用录音的方式，一般都是通过事后笔录整理访谈内容。生活在当地给了笔者很多便利，不少谈话只是短短几分钟，但所获得的信息确实丰富。有时对话内容稍长，涉及的内容往往超出研究所需，但正是在这样的日常交往中，笔者与当地居民才变为真正的"熟人"，能够分享最诚挚的感受……

和其他使用民族志方法的研究者一样，笔者在调研期间坚持写田野日志。撰写的田野日志主要有四种类型。一类为略记（Jottings），主要用来记录访谈时接触到的每个家庭的基本情况（包括家庭收入、子女数目以及受教育状况等）。为了记录计划、时间、行程与安排，笔者也坚持写

---

① 李晓凤，佘双好.质性研究方法[M].武汉：武汉大学出版社，2006：230.
② 刘良华.教育研究方法：专题与案例[M].上海：华东师范大学出版社，2007：152.

日志(log)……第三类田野日志为日记(diaries),主要是为了记录每天田野工作的心得与体会以及笔者如何感受周围的生活环境。最后一类为完整的田野日志(field note proper),内容包括笔者对研究方法更全面的记述,对所认识到的现象的更全面的描述与分析。前三类日志为笔者系统地提取材料、撰写和反思第四类日志提供了坚实的基础。

(谢爱磊."读书无用"还是"读书无望"——对农村底层居民教育观念的再认识[J].北京大学教育评论,2017,15(03):92-108+190.)

该案例中,研究者采用文献法来搜集材料,并对有关文献的种类作了具体介绍。基于田野研究的特殊性,研究者没有使用录音笔等工具而采用整理笔录内容以及写田野日志的方式来搜集资料。

⊠ 案例 3-21

采用访谈法,列出研究相关的访谈提纲和问题,分别访谈来自不同学科(主要区分为文史科、理工科)的男生和女生,条件不允许就采用微信、QQ方式访谈;在访谈过程中,笔者首先明确了访谈的内容和目的并在征求同意的情况下完成录音,在充分保护被访者的个人隐私的同时妥善处理了访谈材料,在对材料进行分析及论文写作过程中,被访者姓名均采用代码表示。

(学生习作《硕士研究生读研动机影响因素分析》)

该案例虽然指出了使用访谈法搜集资料,也指出了搜集资料的具体工具,但是欠缺资料的搜集过程部分,资料搜集的过程不仅仅要呈现,叙述还应该详略得当,突出关键过程。

(四) 分析资料的方法和分析工具

要说明资料的分析方法,采用扎根理论可以提供编码表,同时要报告分析资料的工具(比如采用哪些统计软件)。[1]

---

[1] 刘良华.教育研究方法:专题与案例[M].上海:华东师范大学出版社,2007:152.

☑ 案例3-22

本研究采用……质化研究的专业化分析软件 Nvivo8 作为分析工具，Nvivo8 作为国际上最新版的质性资料分析软件，能够有效地分析多种不同的数据（如大量的访谈稿、图片、声音和录像等）。其最大的优势在于强大的编码功能，并且十分符合质化研究的流程。它可以协助研究者反复分析资料间的关系以及潜藏的理论，并可随时进行资料查询、重组以检证假设的理论。

（李曼丽，胡欣.优秀工程师成长历程中的关键阶段及其影响因素：一个质化研究[J].清华大学教育研究，2010，31(3)：80-89.）

该案例中，研究者同样采用了扎根理论的编码的方法，采用了 Nvivo 编码软件作为分析工具，并简单介绍了软件的功能。同上一案例类似，虽然该部分需要叙述的内容不多，但是也属于不可缺少的一部分。当资料分析过程使用到具体的分析工具时，还应该介绍工具的情况。

（五）数据收集与分析

☒ 案例3-23

本研究的访谈工作均由笔者独立完成。访谈中，在征得受访者同意的基础上对访谈内容进行了录音。访谈结束后通过整理得到访谈文本。

（学生习作《硕士课堂小组讨论中个别成员低参与度原因探究》）

该案例的内容即为该学生习作中"（五）数据收集与分析"部分的完整内容，很明显对这部分内容的介绍过于简单。而且这一节的内容涉及到数据的分析，但是作者并没有说明分析资料的方法、过程和分析工具。

二、研究方法写作的语言和伦理问题

（一）语言严谨有逻辑，介绍详实细致

该部分的语言应该严谨有力，简洁明了。一方面要与自己的研究相结合,另一方面,要紧跟着研究方法自身的逻辑推演。

(二) 详略得当,研究过程叙述自然且各部分之间的写作要有一致性和连贯性

对如何展开研究以及何时研究等问题的介绍,以及研究场域与样本的选择、进入研究场域与建立关系等过程的介绍要自然且逻辑清晰,①同时蔡今中认为,研究方法的重要性在于承前启后,因而研究方法要有连贯性和一致性。在研究方法的写作过程中,研究方法及其选择、样本及其特征、搜集资料和分析资料等部分要按照一定的逻辑顺序,保持一致性和连贯性。②

☑ **案例 3-24**

……资料分析……

第一步,阅读文本。我们首先认真阅读了存储在 Nvivo8 中的每一份转录文本,并反复审读文本。

第二步,编码和分析,这是至关重要的一步。笔者在熟悉了原始资料中的全部内容后,开始对资料进行编码,试图找出被研究者所叙述的情境中重要和突出的主题……

第三步,理论建构。借助 Nvivo8 的"矩阵编码"功能,以已经编码好的资料作为查询的目标,分析概念间的逻辑关系,搜寻出同时符合两两概念间查询条件的编码内容,进而深入了解两者之间是怎样相互作用和相互影响的……

第四,信度检验。为了保证研究信度,产生严谨、科学的研究结果……

(李曼丽,胡欣.优秀工程师成长历程中的关键阶段及其影响因素:一个质化

---

① 李晓凤,佘双好.质性研究方法[M].武汉:武汉大学出版社,2006:230.
② 蔡今中.如何撰写与发表社会科学论文:国际刊物指南[M].北京:北京大学出版社,2016:81.

研究[J].清华大学教育研究,2010,31(3):80-89.)

该案例中,研究者通过明确具体资料分析步骤的方法,使得写作具有了一致性和连贯性。

⊠ 案例 3-25

本研究选择扎根理论作为研究方法,不仅是因为该方法操作起来较为便利,而且抽样结束的条件清晰明了。由于扎根理论抽样方法对最初的抽样没有特别要求,因此最初,笔者先试着找了一个"少干生"进行访谈,而其后的抽样则可以根据理论发展的需要来决定。这样操作会比较简便,并且能在完成预调查之后对资料有一段反思的时间,接着笔者对一些相关调查对象的调查进一步深入,笔者在资料编码和登录的过程中会发现资料和笔者现有理论认识越来越多的关联,使得笔者能在原有理论和材料的基础上建构概念和理论框架,最终当笔者发现,所联系访谈和观察的研究对象已经不能给自己提供更多建构理论的要素和思考后,笔者的理论抽样就可以确定宣告完成。

(学生习作《少数民族骨干研究生角色认同个案研究》)

该案例中一个较为突出的问题是研究方法之间的逻辑层次不清晰,本研究采用了质性研究方法,具体包括访谈法等,在分析资料时以扎根理论的方式进行编码。而作者在介绍时,没有突出研究方法以及之间的逻辑性,同时在叙述时,语言的逻辑性也不够强,有些内容虽然介绍到了,但不够详实。

(三)可以通过图表等方式展现具体研究对象或者资料分析过程

如果研究对象的文字叙述较为繁琐,则可以通过图表的方式将研究对象的特征呈现出来,对于资料分析的初步过程如初步编码过程,同样可以通过表格的形式予以呈现。

☑ **案例 3-26**

本研究的研究对象的地理位置及其代号分布表

地理位置	取样代号
A 省东部	甲市 A 县 M 局长、甲市 B 市 Y 局长、乙市 A 县 X 局长、乙市 B 区 N 局长、戊市 A 区 B 局长、己市 A 区 Z 局长
A 省北部	丙市 A 区 P 局长、丙市 B 区 C 局长
A 省西部	丁市 A 区 L 局长、丁市 B 市 F 局长

（钟景迅,刘任芳.乡村教师生活补助政策实施困境分析——来自 A 省欠发达地区县级教育局长的质性研究[J].教育发展研究,2018(02)：48-54.）

在该案例中,研究者运用表格的方式将研究对象的地理位置及其代号分布表现出来,使读者更快地理解文中所涉及的研究对象们所处的环境和各自的身份特征。如果该部分作者采用语言叙述的方式为读者呈现研究对象的地理位置和其代号的信息,那将异常繁琐,且读者容易在正式进入研究主题前就被对象的关系扰乱思维,可见在文章中通过图表等方式展现具体研究对象或者资料分析过程具有极大的优势。

（四）考虑信度、效度及伦理问题

为了使得研究更具有科学性,一般在研究方法部分,研究者应该提及自己采用方法的信效度如何以及为了提高信效度所做的工作,比如进行三角验证等。而在处理被研究者隐私等问题时要保持谨慎,要充分考虑研究伦理问题。① 如果采用了实验法或调查法,更要考虑相关的伦理及道德原则。② 具体如匿名化处理等,此外,涉及录音等敏感性问题时,研究者一定要事先取得被访者同意,并将此类问题的处理结果呈现在写作当中。

---

① 李晓凤,佘双好.质性研究方法[M].武汉：武汉大学出版社,2006：230.
② 刘良华.教育研究方法：专题与案例[M].上海：华东师范大学出版社,2007：152.

☑ **案例 3-27**

访谈分为正式与非正式访谈,在前期与对方多次非正式接触后,于 2017 年底、2018 年先后访谈四次,每次访谈时长 30~80 分钟不等,所有访谈在征得对方同意后录音。访谈中尽量让对方以自己的方式讲述其故事、分享其经历,避免研究者将主观想法强加于对方,还要反复与被研究者进行意义理解的交换和校正。实物资料(如学习笔记、屏保格言等)的意义在于补充和佐证,不是对方说什么就是真的,需要从其生活的多角度验证真实性。

(和震,贺世宇.从"门外汉"到程序员——从学校到工作过渡路径、影响因素与作用机制的质性分析[J].教育发展研究,2019,39(01):53-60.)

在该案例中,研究者指出为了保证研究的信效度和伦理所做的工作,比如为了保证所搜集资料的真实性,研究者进行了多角度的验证。当这些内容呈现在写作中时,可以尽可能地展现出研究的真实性和科学性。但是在相当多的学生习作中,对于研究的信效度和研究伦理问题的报告明显不够完善甚至根本没有提及,这将会在一定程度上降低研究的科学性,因此应给予这部分足够的重视。

第四章
案例分析：研究发现与资料呈现

第一节　研究发现

研究发现是一篇论文的核心部分,是研究者艰苦劳动的成果。其内容是将研究的发现辅以相关资料和数据表达出来。它既是研究者对自己原先所提出的问题的直接回答,也是研究者进行深入讨论和得出结论的依据。研究发现的表达形式主要是叙述性的文字,但为了叙述更清楚,更利于读者理解,通常需要辅以图表形式。[①]

撰写研究发现时,因为研究者所采用的研究方法不同,研究发现的具体呈现方式会有些差异,但质性研究文章研究发现的组织结构具有一定的相似性。

一、研究结果写作的组织方式

关于研究结果写作的组织方式,学者们见仁见智。李晓凤和佘双好认为,研究发现包含两个部分。第一部分是描述与分析,具体内容包括:现场与被研究者的实际情况或现象是怎样的?所描述的现象主题是什么以及为什么?被研究者持有哪些观点?具有哪些知识和行为类别?如何建构他们的行为?哪些观察实例和被研究者的谈话可以呈现这些实况或类别?第二部分是讨论与解释,包括:研究呈现了怎样的社会、文化或教育意义?什么观点可以用来解释描述的现象及其意义?描述的现象和哪些理论或学说有关

---

① 范柏乃,蓝志勇.公共管理研究与定量分析方法[M].北京:科学出版社,2008:328.

联?① 而风笑天认为,研究者在定性研究的论文中常常遵循着"典型现象描述——原因或机制分析"的写作模式。②陈向明则认为,质性研究结果写作的组织逻辑和最终写成的样式大概分为三种类型,类属型、情境型、结合型,③因为该分类应用较为普遍,因此本书借鉴陈向明的这三种类型的划分方式,为大家介绍研究发现的写作模式。

(一) 类属型

"类属型"主要使用分类的方法,将研究结果按照一定的主题进行归类,然后分门别类地加以阐述。一般来说,类属法适合如下情况:(1) 研究的对象(人、社会机构、事件等)比较多,很难进行个案呈现;(2) 研究的结果中主题比较鲜明,可以提炼出几个主要的议题;(3) 资料本身呈现出分类的倾向,研究者在收集资料的时候使用的是分类的方式。④

☑ **案例 4-1**

挑战是学生还没有具备的能力和素养,是学生发展的目标;支持是达成发展目标所需要的资源、条件、平台、机制等。卓越的科研参与所包含的挑战有志向、科研兴趣、综合素质、高阶认知能力、适度性、关联性、融合、走出二元思维模式、合理期待等;所需要的支持包括建立兴趣驱动机制,自主思考和自由探索空间,以及接纳、设定目标、鼓励、早体验、梯队式学习共同体、信息、成就感、经费设备支持等。要非常清晰地区分挑战和支持并非易事,二者往往一体两面。

本研究根据挑战和支持,将大学环境以及相应的学生发展状态分为四类。兼具挑战与支持的大学环境命名为"承托型环境"。在这种环境下,参与科研有利于学生贯通式、深层次地理解专业知识,激发了深层学习的兴趣和动力,不再畏惧学习和科研中的苦、累和脏等问题,并且将理

---

① 李晓凤,佘双好.质性研究方法[M].武汉:武汉大学出版社,2006:230.
② 风笑天.社会研究:设计与写作[M].北京:中国人民大学出版社,2014:203.
③ 陈向明.质的研究方法与社会科学研究[M].北京:教育科学出版社,2000:345.
④ 同③.

论学习和生活实践相结合,形成了创新思维模式,最终完成具有一定创新性的科研成果。

(朱红.建构一流本科生科研参与的大学环境——基于挑战与支持视角的质性研究[J].国家教育行政学院学报,2019(04):47-54.)

该案例是较为典型的类属型写作模式,在该研究中,研究者在资料分析的基础上,将大学环境以及相应的学生发展状态分为四类,并且通过对四类发展状态的分析,阐明研究的重要发现。类属分析的基础是比较,基于比较,我们才能够区分出不同事物之间本质的异同,因此,类属分析不仅仅是简单地将资料按照一定方式进行分类后的简单介绍,这篇文章在介绍不同的分类时便充分阐述了不同类别之间的联系和区别,值得我们学习和思考。

☑ **案例 4-2**

研究结果显示,美国留学生的跨文化人际交往问题的成因主要有三类:一是由于心理因素引起的刻板印象;二是因为价值观或文化观念的不同而引发的文化对立、冲突或缺位:就事论事与人情面子、平等自由与服从上级、普遍主义和特殊主义,以及人际距离的远和近;三是由于语言能力的不足而造成的沟通困难和人际关系的不和谐。

(潘晓青.美国在华留学生跨文化人际适应质性研究[J].比较教育研究,2014(8):74-81.)

该研究的研究发现呈现方式也属于类属型,研究者将美国留学生的跨文化人际交往问题的成因主要分为了三类,并分别作了解释。

(二) 情境型

"情境型"非常注重研究的情境和过程,注意按事件发生的时间序列或事件之间的逻辑关联对研究结果进行描述。由于注重研究或事件的具体情境,情境法通常将收集到的原始资料按照个案的方式呈现出来。个案可以涉及一个人、一个社区或一个事件,也可以由数人、数个社区或数个事件拼接而成。个案所表现的内容可以是一个自然发生的故事,也可以是一个按个案时间顺序排列的各种事件的组合。①

☑ **案例 4-3**

赵状元(FG07-2)沮丧地承认:他真的学不懂专业,他就是那个被"分流者",不过是以自由选择的形式完成的。赵状元有辉煌的学习成绩,他是省高考理科前 10 名,他"莫名其妙"地来到了这所以严酷著称的理科院系,身边 80%的同学都有竞赛背景。高考中优异的理科成绩,在这里,却完全不行。

赵状元所在的学院,一半学生来自保送(竞赛优胜者),有二成多学生来自自主招生(多有竞赛背景),剩下二成来自高考……

赵状元认为:"我们学院科研在全球名列前茅,它适合且只适合竞赛生,它不应对高考生开放。高考生与竞赛生在一起,完全是一场龟兔赛跑!科学是高淘汰的精英教育,一将功成万骨枯,金字塔耀眼的尖顶下是不同层级、众多的'炮灰',高考生不过是面目模糊、仅有统计意义且被做大的'分母'。"

……赵状元的故事后涉及招生中的两种主要选拔模式:一种是开放、自由的竞争模式即高考模式,另一种为体现学术精英选材标准的举荐模式即竞赛与自主招生等模式。……"尊重选择"解放了赵状元,他领悟到:"清华的规则是:学不好,你还有心思学别的?!北大的规则是:学不好,还不赶紧学点别的!努力很重要,但选择比努力更重要。"

他大三选修了经济双学位,毕业后去商学院读研究生。他由衷地感慨:"改革的方向很好,学部内自由转专业很好,未来全校自由转专业更好!目前的多种培养套餐不错!老师的时间与精力都有限,不应该平均分给每个人,应该确保做科研的人。"(FG07-2)……

---

① 陈向明.质的研究方法与社会科学研究[M].北京:教育科学出版社,2000:346.

(刘云杉.自由选择与制度选拔:大众高等教育时代的精英培养——基于北京大学的个案研究[J].北京大学教育评论,2017(4).)

该案例体现了情景型的研究发现的写作方式,以一个事件或者一个人的经历,来分析研究的问题,虽然情景型的写作方式有一些优点,但这种写作手法不太符合一般人概念中的"科研报告",没有将研究结果分门别类地列出来,通常也没有将研究方法和结果分开处理。①

(三) 结合型

实际上,采用单一的类属法或情境法撰写研究发现的情况较为少见,为了规避这两种方法的不足,研究者通常将两者结合起来,比如,我们可以使用类属法作为研究报告的基本结构,同时在每一个类属下面穿插个案、故事片段和轮廓勾勒。我们也可以以情境法作为整个报告的主干叙事结构,同时按照一定的主题层次对故事情节进行叙述。不论是以分类为主、辅以个案举例说明,还是以叙事为主、辅以类属分析,结合使用两者总会比单独使用其一更具说服力。②

☑ **案例 4-4**

(一) 反思性认可

……卓教授对习以为常、司空见惯的教学环节时刻保持着反思性审查的习惯。以学生考核为例,他认为:"本科生的考试如果采用让学生写篇期末论文的形式,我觉得对学生最不负责任,无论是研究生还是本科生。我自己亲身体验知道,一个正教授被要求每年在核心刊物上至少发两篇文章,其实并不是所有的老师都能保证亲自写两篇的……"

……卓教授虽然难以明确概括她的教学设计所遵循的原则和线索,但是他并不打算模仿他人的路数,而且自己心中有数……

在卓教授身上可以看到,当教师反思那些他们自身就倾向去做的事

---

① 陈向明.质的研究方法与社会科学研究[M].北京:教育科学出版社,2000:346.
② 同上。

情时,他们可以拒绝那些声称对其教学和研究行为拥有权威的举动。……

(二) 反思性权威

相对于反思性审查所检测的心灵的力量,外在的金钱激励几乎无异于最基本的生理冲动和欲念,但是管理者却常常把它当作卓越教学得以开展的理由……因此,就算是强大的卓教授在反思时也常有"恐慌"的时候:"比如说我今天上课回来,某几句话没有说清楚,然后第二次又说了一遍,但我不会说得跟前一句话完全一样,会变换一种说法;或者说得结巴了,不流畅了,这一天的日子我都过得不舒服,我觉得好难受,特别对不起那些学生……"

卓教授的恐慌跟外界无关,是源自对自身的反思性认可。他描述的自我似乎是一个在教学上吹毛求疵的偏执狂,但是他能改变自己的禀性吗?这就涉及同一性观念的问题。同一性观念可以理解成一种描述,在这种描述之下,你评价你自身,你发现了你的生活值得一过,你的行动值得采纳……在本研究所有24个受访教师中,没有一位教师在谈及教学时使用"义务"一词,更多的是使用"职责"、"责任"、"本职工作",甚至"使命"。把教学当作义务还是当作使命,检测的是这件事情在教师心中引起的反思性审查结果究竟是认可还是拒斥。

(林小英,宋鑫.促进大学教师的"卓越教学":从行为主义走向反思性认可[J].北京大学教育评论,2014,12(2):47-72.)

该案例是较为典型的结合型模式,在对研究资料的分析过程中,研究者不仅仅提炼出多种分析类别,还在叙述具体发现时,抓住抽象化的"卓教授"这一角色,通过该角色阐释了整个研究。

以上介绍了三种研究发现的写作模式,至于研究者具体选择何种模式,取决于研究本身的特点。下面将梳理具体的研究发现写作过程中要注意的细节。

二、研究发现写作的注意要点

(一) 研究发现的论述要与资料的呈现相结合

在这一点中,最常见的问题是:(1) 对研究发现的叙述长篇大论,在分析中却未见相关的佐证材料;(2) 只见大段对材料的描述而未见对材料的概括总结以及分析;(3) 结论分析与材料均存在,但是两者关系不够密切,存在论点和论据的脱节。

基于对上述问题的剖析,我们在写研究发现的时候,首先要有明确的结论即研究发现,同时要呈现资料以佐证你的发现,这两者要结合起来而不能脱节,要保证在叙述过程中逻辑的严谨性。研究发现是对研究所收集的事实材料的客观归纳,不能夸夸其谈,妄下无关结论,任意引申和发挥。[①]

☑ **案例 4-5**

社会适应是女大学生化妆的另一重要意义。笔者将女大学生化妆的社会适应意义概括为适应特定场合要求、适应人际交往需要两类。访谈中,在被问及平时什么时候会化妆时,几乎所有受访的女大学生都提到了她们认为重要的特定场合:F07 认为求职面试时化妆是必要的,不仅为自己增添自信,更显示了自己认真的态度……

此外,女大学生亦会以适应人际交往需要为目的展开化妆实践,以示对对方的尊重。"化妆就跟客人来家里之前要大扫除一样,别人会觉得你比较在意这个事情,比较有礼貌"(F02)……笔者在日常生活观察和访谈中发现,应对同辈群体的压力时常是女大学生化妆的重要意义。

一方面,女大学生之间在以彼此为参照群体时,往往会在容貌上进行或明或暗的相互比较,容貌的相对优势或劣势转化为对自身的价值认同或价值否定,进而产生"相对满足"感与"相对剥夺"感(左雪松、夏道

---

① 范柏乃,蓝志勇.公共管理研究与定量分析方法[M].北京:科学出版社,2008:329.

玉,2010)。而化妆则是女大学生弥补自身容貌劣势、追求"相对满足"的重要手段。

> 比如说你出去聚会,你肯定希望你在一群女生里是比较出挑的一个吧。这个时候就会鼓励自己化妆,让自己出众一些,而且这种时候化的妆往往是最精心的。(F09)

> 那种平时特别会打扮的妹子会让我觉得,我如果不收拾一下出现在她面前,整个人会跟她形成一种反差,所以我肯定会收拾一下,不然我自己心理上肯定会自卑啊。(F12)

(郝大海,朱月婷.顺应与抗争:当代女大学生化妆意义研究[J].青年研究,2016(06):69-78+93.)

该案例是研究发现与相关资料相结合的典型案例。在写作中,作者首先抛出自己的观点,而后对观点进行分析和讨论,并结合了相关的文献,此外,对于作者观点的直接来源即原始的访谈材料,作者也给予了呈现,使得读者可以更加直观地理解理论背后的现实。

☒ 案例 4-6

3.1.4 本群体角色认同

在这里"本群体角色认同"维度主要指少数民族骨干研究生对自己本群体的认识和评价。在本次访谈中4位被访者对"少干生"群体的认识和评价各有不同,但是积极评价还是占主导的。例如,被访者S1认为:"我觉得这个群体的人是一群努力的人,而且这群人的水平并不差,可塑性强……他们的观点会比较容易被忽略",这是对本群体的一个积极认同,并带有同情的意味;被访者S2的看法是:"他们每个人在享受这个政策的同时,其实是付出更加多的努力的……大家都还在按着这个政策的解读来适应这样一个少数民族骨干的角色。";被访者S3提到"总体来说,人的素质相对来说还是比较高的,另外就是自控力,执行力各方面来说都是比较好的。";被访者S4指出"存在两级分化,好的很好,差的也是很差。总的来说,这个群体参差不齐,水平不像统招那样相对在一个水平上。"

(学生习作《少数民族骨干研究生角色认同个案研究》)

在该学生习作的案例中,仍然有较多的材料的描述,但是缺少必要的总结和分析,更没有对于现象和发现的深度解读。

(二)论述研究发现要有深度,不能仅仅局限于对现有材料的总结和概括

这是在写研究发现的过程中第二类容易出现的问题:在解释和分析材料以及总结概括结论的过程中,仅仅局限于研究者的研究内容以及材料,而未见深度剖析,显示出学术分析性不足。毕恒达认为,经验研究的发现除了要进行资料的呈现外,还要进行深度分析,说明作者如何解释和理解这些材料,以及研究结论和既有理论的关系。这一章应和文献回顾环环相扣,验证或否证引用的理论,或者修正补足重新再构建既有的理论,并与过去的相关经验研究互相比较。[①] 充分做到与已有理论对话,将引证融入自己的文本,而做到这样,需要研究者注重平时的积累。

☑ **案例4-7**

……正如上文所言,来自教师、村干部等专业技术精英家庭和新型经济精英家庭的家长一般对子女都有稍高的期望,在经济、文化以及社会资本方面居于弱势地位的家长则非如此。例如,在对村小或者初中、高中教师家庭的访谈中,家长一般都会提到"希望孩子考个重点大学";来自普通农民家庭的家长一般会提到,"现在上大学是不如以前难了,不过上个'一本'还是很难的"。

他们中的大部分人在子女考大学这件事上目标还是"二本"。中县层面的统计数字或许能给看似主观实则受制于社会结构的"教育期望"

[①] 毕恒达.教授为什么没告诉我:论文写作枕边书[M].北京:法律出版社,2007:92.

分层提供一个最好的注脚。在中县2009年报名参加高考的约12 000名考生中,共有730人考分达到"一本"批次录取线,2 100人左右考分达"二本"批次录取线(不含"一本")。这样,"一本"的录取率约合7%左右,"二本"的录取率约合17%,"三本"的录取率约为7%。县域范围的录取几率不会平等地落到每个学生个体身上。对入户访谈所涉及家庭的小规模统计显示,干部和教师等专业技术人员家庭的子女进入"一本"(甚至"二本"批次学校)学习的机会都高于来自普通农民家庭的学生……

(谢爱磊."读书无用"还是"读书无望"——对农村底层居民教育观念的再认识[J].北京大学教育评论,2017,15(03):92-108+190.)

该案例通过外部的扩展数据来扩展研究发现的广度,同时通过数据的使用来深化自己的研究发现,虽然这一部分并没有结合相关理论,但是此类扩展形式同样重要。扩展研究发现,在关注深度即是否与已有研究或者相关理论相结合的同时,还要关注其广度即是否与某些统计数据、历史或者其它典型社会事件相联系等。

☑ **案例 4-8**

以传统女性为参照,女大学生仍会在一定程度上遵循"女为悦己者容"的思维进行化妆实践。但需要指出的是,古时的"悦己者"仅指女性的配偶,而在当今社会,女性需要取悦的已不仅仅是异性,而是泛指的他人……戈夫曼在探究人们在日常生活中进行自我呈现的方式时提出了"戏剧论",又称为"印象管理";即人们在互动中,通过控制自己的行为来表现自己以给人印象,意即"表演"的过程……鲍德里亚认为,人类已进入被丰盛的物或商品包围的消费社会(鲍德里亚,2000:1)。随着消费社会的来临,以往物质性、社会性身体又被赋予了商品化的内涵,身体越来越成为女性追求符号意义的竞技场。身体既是个人自我消费的对象,也是被他人消费的对象……对女大学生来说,这一标准已在多年的耳濡目染中被内化,而化妆便成为女大学生修饰自我、向主流审美靠拢,从而完成一次成功的印象管理的手段。事实上,女大学生在访谈中普遍强调了印象管理这一化妆的意义。

(化妆)当然是想给别人留下你长得还不错的印象……起码我不想让人说你那天看起来特别没有精神,皮肤很差,就不想给人留下不好的印象吧。(F12)

就比如说,跟我一起生活了很久的人,原来也许我在他面前生活得比较随意,那这样等我之后再见他,我就会通过化妆告诉他,其实我现在不是那样了,我希望他对我的印象有所改观。(F06)

(郝大海,朱月婷.顺应与抗争:当代女大学生化妆意义研究[J].青年研究,2016(06):69-78+93.)

该案例中的研究发现较为规范,首先研究者不仅仅有研究发现,而且研究者在呈现的过程中将其与相关的材料相结合,使得研究发现有理有据。同时,除基本的研究发现外,研究者还通过与已有相关理论和相关研究的结合,深度分析了化妆的意义等。单纯地讨论化妆或许单薄,但是研究者在分析过程中对于相关理论和研究的运用,使得该研究变得更加的丰满、有价值。

☒ 案例 4-9

除却个人状态中的核心原因外,小组模式中同样存在低参与度成员出现的核心原因,本研究发现,如果某个小组中,某些小组成员性格比较独特,可能会影响到小组成员的积极性,特别是当小组中出现两位甚至多位平时不熟或者关系不好的成员时,将大大影响所涉及到的成员参与的积极性。

"我刚进来,我没有融入这个集体,我跟你们不熟,也不太想跟你们说话,不太愿意表达自己的观点。大家都是比较成熟了,然后参与度会高一点。"(被访者编号 F)

"就是说别人在讲话的时候,他就强行要打断,就非常想展示自己的

特点,然后就是通过把别人的话打断来展示他自己的特点,我觉得这个是非常不好的习惯。"(被访者编号 Y)

另外,对小组这种讨论方式的认可度不足也会影响小组成员的参与,如某位同学认为,小组讨论我基本上学不到什么东西,而且感觉浪费了我的时间,在这种情况下,该成员的参与度通常非常低,他们往往在别人讨论的过程中做着自己的事情。

(学生习作《硕士课堂小组讨论中个别成员低参与度原因探究》)

该案例中,作者同样呈现了研究的发现并辅以访谈资料佐证,然而有了研究发现,却没有对于研究发现的进一步探索和评析,因而显得该研究中对于某些现象的解释没有理论深度,说服力也不够。实际上,仅有发现和资料是较多质性研究写作者容易出现的错误,多数写作者认为文献综述部分和理论基础部分写作完成后,文献和理论的使命也随之结束,但是事实恰恰相反,在研究发现部分结合已有文献和理论进行分析是不可或缺的,一方面这能体现研究者自身的研究功力,同时也增加了研究的深度和科学性。

第二节　资料呈现

资料呈现并不是单独存在的,而是与研究发现的分析部分共同构成研究发现的整体,之所以将资料呈现部分单独列出,是因为这部分比较重要,资料呈现涉及很多不同的格式,单独呈现是为了便于读者理解。

一、资料呈现的方式

在研究发现的撰写过程中,资料呈现的方式并不是单一的,资料的呈现将为研究发现的呈现服务,即研究发现是研究者展示详细的、具体的证据和结果的过程,需要用数字、图形、表格、材料等来向读者补充信息。[1]

(一) 图示方式

这一类呈现方式多用于扎根理论的研究,在构建理论时,常用到概念图,在其它类型的质性研究中,流程图、概念图等图示也时常被采用,以更好地呈现要表达的结论和分析的内容,如图4-1所示。

☑ **案例4-10**

该案例中(图4-1),研究者通过图示的方式来介绍其研究过程中所形成的理论模型,这类图示以更加直观的方式,告诉大家研究理论模式的具体形态,而如果选择使用语言叙述等方式来阐释该理论模型,则过于抽象,对于读者而言,既不够直观也不易理解。

---

[1] 风笑天.社会研究方法[M].北京:中国人民大学出版社,2013:320.

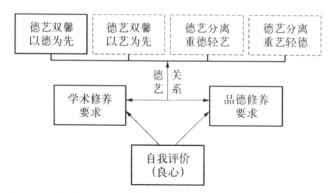

图 4-1 理论模式 T1：大学教师对待学术与品德关系的态度与行动模态

（李方安,陈向明.大学教师对"好老师"之理解的实践推理——一项扎根理论研究的过程及其反思[J].教育学报,2016,12(02)：62.）

☑ **案例 4-11**

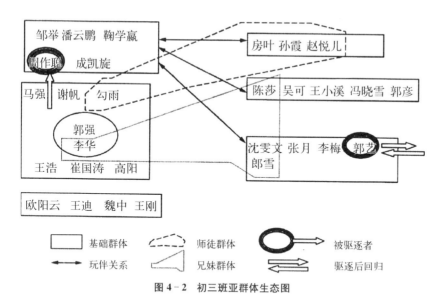

图 4-2 初三班亚群体生态图

（熊春文,史晓晰,王毅."义"的双重体验——农民工子弟的群体文化及其社会意义[J].北京大学教育评论,2013,11(01)：46-62+190-191.）

该案例是一个很有趣的研究,对于一个班级内亚群体的描述,可以采用文字描述、图示甚至是表格描述的方式,但是因为涉及不同同学之间的关系,用示意图来表示最为直观。在这个研究当中,这一张图实际上包含了大量的信息,而结合图示进行研究发现的说明时,思路可能更清晰,否则不同的姓名和代号会充斥在研究发现中,读者读完之后也会一头雾水。由此可见,研究发现中不同的资料呈现方式可产生不同的效果,选择恰当的图示对于分析研究发现十分具有效力。

（二）表格方式

该类方式多出现在需要具体列举的研究中,研究发现的结论可以用表格的方式列举,此外,编码结果,或证明结论的资料等等均可以用到此种方式,这同样是为了辅助说明研究发现。

☑ **案例 4-12**

身份认知类型	教师编码	德性目录												
		奉献	公正	耐心	求真	严格	同情心	理性	勤奋	关怀	诚实	批判	负责	正直
学者型	T6	✓	✓		✓			✓				✓		
	Y1				✓						✓	✓	✓	
	Y7				✓			✓			✓	✓		
育人者型	Y5		✓	✓		✓			✓	✓	✓			
	T1	✓		✓		✓			✓	✓	✓			
	T2	✓		✓			✓			✓				
	Y2			✓		✓			✓		✓		✓	✓
	Y6	✓				✓		✓		✓				
实践推行者型	Y3	✓	✓				✓				✓		✓	
	T4	✓			✓					✓	✓		✓	
	Y4	✓		✓					✓		✓		✓	
	Y5	✓	✓				✓			✓			✓	
道德催化者型	T7		✓		✓		✓		✓	✓				✓
	T3	✓		✓	✓	✓					✓			✓

图 4-3 大学教师身份认知类型与教师德性目录

(张磊,查强.从大学教师的"学术属性"到"道德属性"——一项以加拿大14位大学获奖教师为例的质性研究[J].清华大学教育研究,2015,36(06):77.)

该案例中,研究者通过图表的形式清晰地表现出加拿大 14 位大学获奖教师的德性目录情况,在研究发现中,如果对这些内容进行纯文字描述,其工作量将是巨大的,而且也不会有很清晰的逻辑,使用表格则可以克服此类问题。

(三)穿插访谈资料等文字方式

这种呈现方式多用于访谈法的研究中,呈现出研究过程中被访者的实际访谈记录,以证明结论。

☑ **案例 4-13**

现代时间所包含的劳动时间与人体生命时间的矛盾,造成了现代劳动时间与私人闲暇时间的对立。在当前社会的大部分职业中,时间的公共用途(以有偿劳动的方式消费掉)和私人用途(主要指无偿使用)之间的分界越来越明显。以节假日为标志的私人时间使个体从工作中暂时解放而得到调剂,但是以大学教师为典型代表的一些指向创新的脑力劳动者则面临日益模糊的时间边界。受访教师有这样一些感受:

我们时间上有一个好处,不用按点儿坐班儿。如果临时有些自己的事情,可以适当灵活安排。我家离学校很远,单程来学校就要一个多小时,我就可以把必须我人到场的工作安排在三、四天之内,一周其他几天就在家工作。(工科教授,2015-03-27)

(大学教师的工作)没有一个界限,没有所谓的"下班"和"放假",工作离散在每天的 24 小时中,想着写个文章啊、申个课题啊、怎么备课啊。在很多生活时间都要承受工作的压力,睡觉前翻来覆去想的也是研究的事情。(文科副教授,2015-05-13)

我觉得有时候写文章就像箭在弦上一样,不得不发,但是平时(工作时间)都被占满了,确实没有时间去整理,科研还得靠假期。别人都羡慕老师有寒暑假,其实大学老师的假期比工作日更忙,收数据、开学术会

议、写论文、做课题。我前几天还发朋友圈说:"假期是块儿唐僧肉,大家都想咬一口。"(理科副教授,2015-09-25)

(李琳琳.时不我待:中国大学教师学术工作的时间观研究[J].北京大学教育评论,2017,15(01):107-119+190.)

该案例中,研究者列举了具体的访谈案例来说明研究发现,这是访谈法研究中常见的资料呈现方式。

二、资料呈现的注意事项

研究资料的呈现是为了辅助研究发现的分析,是为了让读者更好地理解研究发现。在采用访谈法的研究中,多采用将相关的访谈资料直接放进研究发现中的方法,在一些研究中,还需要将访谈提纲列在文中或者附在文章的背后,而具体要不要列访谈提纲,这与研究本身的特点和整个研究的需要有关系,需要研究者自行把握,没有固定的模式。如果采用扎根理论,往往会有新理论的概念图或编码表;如果是个案分析,则可能出现介绍个案特征的图表等;如果采用观察法,则通常会有观察表;而如果采用实物分析,则常常有实物的图示等等。因此,基于不同的研究方法,其资料呈现的方式不是固定不变的,研究者需要根据具体呈现的需要而灵活地选择呈现的方式。在运用多种方式进行资料呈现的时候,还需要注意一些呈现中的细节问题,下面将对此作详细的介绍。

(一) 删繁就简,做好资料的整理,呈现最相关和最具有说服力的部分

质性研究的资料一般都非常丰富,例如运用访谈法的质性研究,其访谈记录等资料多达上万甚至几十万字,而如此庞大的资料,在研究发现的写作过程中被全部利用是不现实的,实际上,研究者实际所能利用的资料或许只占全部资料的5%～20%。① 因此这就要求研究者对资料进行整理和归类,并且将其中的核心部分遴选出来放进研究发现中以支撑相应的结论。摘录访谈资料时,要注意选取最有代表性以及最有意义的部分,而无关或者弱相关的部分应及时舍弃,如果被选中的部分不连贯,在呈现相关材料的时候往往用省略号进行连接。其他如表格资料、图片资料等同样如此,像范柏乃、蓝志勇所认为的,要将研究发现中与主题无关的资料加以删除,再将一般资料或众所周知的内容加以精简、浓缩。这样使与本课题密切相关的材料,特别是本研究的新发现、新结论得以充分表达,避免了罗列材料、主次不分,一般资料掩盖了研究的重点与核心。②

☑ **案例 4-14**

在当今中国社会,人际关系仍是大学毕业生参与竞争的重要资本,有人甚至提出"大学生找工作就是拼爹"。找工作靠关系无疑损害了社会公平,当来自较高社会阶层家庭的子女轻而易举地占据了许多令人羡慕的"位置"时,那些来自较低阶层家庭的大学生却经历着一次次的求职失利,在这种"代际效应"作用下,农村大学生占有的社会资源将越来越少,他们以及其父辈跳离贫困圈的可能性将越来越渺茫。有研究发现,"穷二代"大学生群体的职业生涯发展状况不容乐观,其就业质量不高,非正规就业居多,职业地位低,职业提升机会少。这些情况在下面的访谈中有所体现:

我是农村出来的大学生,好不容易一家人折腾着供我上了大学,而且还是一所不错的大学。因为来之不易,所以我非常珍惜学习机会并且很刻苦,每天清早起来自习的时候宿舍同学都在睡觉,晚上自习完回去

---

① 风笑天.社会研究方法[M].北京:中国人民大学出版社,2013:327.
② 范柏乃,蓝志勇.公共管理研究与定量分析方法[M].北京:科学出版社,2008:328.

他们常常都发出鼾声了。假期我也认真到社会上参加实践锻炼(以)增长知识,我每次考试完都是专业前三名,还当过学生干部并且入了党⋯⋯⋯满以为虽然比舍友辛苦但以后一定有回报,没有想到后来败在了睡我脚头的那个同学脚下。他是个很少学习、经常玩游戏、一年到头忙着换女朋友的人,还经常(考试)挂科并且连英语四级都没过,居然在那次(某事业单位)的公开招考中打败了我。我很是想不通,我笔试排在那么靠前,超过他很多,面试下来被"枪毙"了,但他却考上了。后来才发现,他有个姑妈是里面的大领导,知道后我心里面很是憋屈。(B4-15)

(傅安国,郑剑虹.人际关系网络对事业生涯发展影响的质性研究——以三所重点本科院校的优秀毕业生为例[J].青年研究,2012(03):63-74+95.)

该案例中,研究发现的内容大致是:来自较低阶层家庭的大学生在求职过程中会受到一些不公平因素的影响,而作者呈现的具体内容便是一位学生在求职过程中受到不公平对待的真实事件,因此访谈材料契合了其所要总结出来的研究要点。

☒ 案例 4-15

在整理访谈材料以及编码的过程中,这一结论非常明显,虽然已有的研究已涉及这方面的内容,但是未能区分其中的关键与一般。特别是在本研究中,个人相关知识准备不足成为大家认为最重要的原因之一,而先前文献虽然提及但是没有足够重视。此外小组成员对小组讨论的主题不感兴趣以及小组成员自身太过腼腆或者内向,都是小组成员在讨论过程中无法做到积极参与的重要原因。正如同学所谈到的:

"有的时候是因为对这个东西本身就不了解,像课堂上老师突然讲到一个东西,然后对这个东西不了解,然后就觉得也没有什么好去说的。特别有的时候,就是已经规定了这节课可能需要小组讨论,我们会提前准备的话,我觉得在课上讨论会有收获一点。但是突然来一个讨论,好像自己本来就不是特别清楚,然后讨论的也没有那么充分,感觉也没有收获到什么是自己的性格原因。我刚进来,我没有融入这个集体,我跟你们不熟,也不太想跟你们说话,不太愿意表达自己的观点。大家都是比较成熟了,然后参与度会高一点。就是不太能说,所以有的时候也不想参与,可能本身就是不太外向的人。"(被访者编号 Z)

(学生习作《硕士课堂小组讨论中个别成员低参与度原因探究》)

该案例中,研究发现个人准备情况会对学生小组发言的积极性产生影响,一般情况下,在选取访谈记录以证明该结论时,研究者往往选择最相关或直接涉及到这个研究结论的访谈内容,但是从给出的这个案例中我们发现,作者选取的访谈记录不仅仅层次不明,而且其中有大量信息与所对应的研究结论无关,这些无关内容,作者不仅未将其删除,所呈现的访谈记录本身逻辑也不通,在实际写作中,应尽量避免此类现象的发生。

(二)访谈的文本资料呈现过程中需要注意的问题

在呈现访谈的文本资料时,要注意区别研究发现分析的正文和插入的访谈资料,一般常在字体、字号、文字底纹等格式方面进行区分。访谈引文与你自己的分析所占的面积最好是一比二。[①] 同时在呈现文字材料时,J. Amos Hatch 认为应该对摘录资料进行修改,一般不必把所有的像"吧"、"哦"和"你知道"这样普通口语词都写进去。不过也有例外,如当这些口语补充词对交流中的现象提供洞见、比如当个人显得紧张或不确定时。同时,J. Amos Hatch 结合已有研究者的观点,总结了五点关于摘录资料的标准,即主要材料长度、可理解性、可读性、匿名性以及忠于原文本意。这五点可以给我们摘取资料提供启示。[②]

此外,对于访谈材料,要在材料后做好该材料来源者的特征标记,如

[①] 毕恒达.教授为什么没告诉我:论文写作枕边书[M].北京:法律出版社,2007:95.
[②] [美] J. Amos Hatch.如何做质的研究[M].朱光明,等,译.北京:中国轻工业出版社,2007:227.

性别、年龄、身份、被访时间等等,但是同时也要注意被访谈者姓名等隐私的处理,避免泄露被访谈者的隐私。

☒ **案例 4-16**

我们是先让大家每个人陈述一下自己的观点,然后说自己看了哪些内容,然后这些内容是怎么样的一个状态,然后中间的话大家会讨论一下,具体讨论啥则由我们当时的状态定,比如说今天老师给了四个问题,然后我们想集中去回答哪一个或两个问题,讨论出来这个之后会去说一下自己对这个是怎么样的一个观点,然后会有人来记录,一般的话记录的这个人就是最后发言的这个人。然后他就在大家说完之后简单地记录下,有一些时候如果大家没有什么可讨论的了,时间还有很多,大家可能会选择要汇报的那个人,简单跟说一下他的思路或者是怎么样。如果还有很多时间剩下,有的时候就会讨论些无关的,还有的时候会沉默。

(学生习作《硕士课堂小组讨论中个别成员低参与度原因探究》)

该案例中,访谈资料作为对研究发现的支撑,存在两个问题:首先,该材料没有做好有关被访者的特征标记,如在何时采访,被访者编号是什么等均未报告。其次,该材料缺乏精简,很明显,该材料所涉及的观点不够聚焦,应该更加的精炼以明确支撑某个研究发现的观点。

第五章
案例分析：结论与讨论

结论与讨论(或"小结与讨论")是论文主体内容的最后一部分,主要作用是简要地总结研究的发现,并基于发现进行更深入的讨论。因此,"结论与讨论"部分在内容上包含两个方面:一是对研究结果和发现进行总结;二是针对研究结果和发现进行更深层的讨论。此外,如果存在研究结果或发现、结论和讨论的内容都比较少的情况,则可以考虑将三者合并,在一个部分里进行阐述。①

---

① 刘良华.教育研究方法(第2版)[M].上海:华东师范大学出版社,2014:156.

第一节　结　论

结论是对研究结果或发现的总结,之所以有结论这部分,是由于前面"结果与分析"部分主要是对研究细节的详细展示,其内容往往较多,不便于读者抓住研究的主要结果和核心发现。尤其是对于通过对某一社会现象进行深入细致的调查以尽可能真切地再现其本质的质性研究文章而言,[①]更是需要一个简明扼要的结论来呈现研究的发现。一言以蔽之,研究结论是对研究结果的进一步归纳和概括,是在研究发现或结果的基础上提供的补充解释。具体撰写的注意事项有以下几个方面:

第一,简明扼要地呈现结论,如果内容较多的话,可以将结论的要点以数字序号(1.2.3.4)或"第一,第二,第三"的方式排列。结论写法的一个要点就是突出重点,让读者阅读后对文章的研究发现一目了然。因此,可通过一些分段符号或词来呈现结论要点。具体案例如下:

☑ **案例 5-1**

研究结论

(一)结论

1. 成就价值观是男女两性成就价值差异更深层次的一个影响因素。

[①] 陈向明.旅居者和"外国人":留美中国学生跨文化人际交往研究[M].北京:教育科学出版社,2004:42.

2. 女博士成就价值观具有多元性、奉献性与社会性、注重个体的内心感受、寻求各个领域的平衡发展、内在矛盾性等特点。

3. 女博士生的成就价值观虽然具有多元化的特点，但是更多地倾向于社会性和内心感受性。

4. 女博士生的成就价值观结构呈现双维模式。一个维度以"任务取向"和"关系取向"为两极，一个维度以"外在价值取向"和"内在价值取向"为两极。

5. 成就价值观的双维模式划分出四种具体的成就价值观，他们是实际型、自我实现型、内省型和社会型。不同的成就价值观有不同的行为特征和理想成就。

（二）结论的归因理论分析

所谓归因是指人们对他人或自己的行为结果进行分析，指出其性质或推论其原因的过程……从上述的归因理论来分析，女博士生成就价值观应该是个体与其生存、工作的环境因素联合决定的。

1. 外部原因

第一，工作或就业压力大。近几年，随着高等教育改革的加快，各种各样的考核和人事改革制度的出台……

第二，传统文化的影响。研究发现，中国男性的成就动机明显高于女性，还发现……

2. 内部原因

第一，自我认知的差异。自我认知对于一个人的成就非常重要。然而近年来我国女性的人生价值取向令人堪忧……

第二，生命周期的限制。虽然女博士生在学习中的角色与男性没有本质的差别，但其在生命周期的不同阶段的表现与男性是有差别的……

（曹爱华.女博士生成就价值观的质性研究[J].中国高教研究，2007(12)：31-34.）

☑ 案例 5-2

Conclusion

In the literature, the interplay of returnee scientists with the institutional ... This article finds that the policy implementation of TYTS has been successful in luring back elite young scientists for Chinese quest of world-class university and first-class disciplines.

<u>First</u>, transnational capital plays a crucial role in TYTSs' professional development ... This study shows that TYTSs maintain intensive collaborations with their previous host institutions and mobilize their transnational resources for professional growth after returning to China ...

<u>Second</u>, the need for transnational knowledge production and transfer has well placed TYTSs to make good use of their transnational professional networks. As shown by the case of Interviewee-C whose three labs across China, Japan, and the United States become a linkage of knowledge production ...

<u>Third</u>, this study reports differences of the professional development paths of TYTSs between disciplines and institutions resulted from various factors. <u>Fourth</u>, TYTSs face both opportunities and challenges. The challenges they face include how to build high-quality research teams and how to improve their research labs without sustainable research support after their first 3 years funding from the government ...

(Li M, Yang, R, Wu, J. Translating transnational capital into professional development: a study of China's Thousand Youth Talents Scheme scholars[J]. *Asia Pacific Education Review*, 2018, 19(2): 229-239.)

案例5-1与案例5-2都是将研究结论的要点一条条地呈现,条理很清晰。案例5-1先是对研究结果进行了归纳,归纳了5点,然后对这5点研究结论的形成原因进行了探究。案例5-2属于案例研究,探究的是中国青年千人计划学者如何利用他们的国内外学术资源来促进自身的专业发展。结论要点以"第一,第二,第三"的方式呈现,条理清晰,每条要点的论述也简明扼要。

第二,研究结论要在研究结果或发现的基础上进行归纳、概括,不能脱离研究结果空谈结论。研究结论本身就是为了便于读者把握文章最核心的内容而对研究发现进行的提炼。而且质的研究偏于意义阐释,因此在呈现结论时,不能只是抽象地、孤立地列出几条结论,要有相应的资料或证据作为支撑。① 具体案例如下:

☑ **案例5-3**

研究结论

吉登斯有言,"与自我一样,身体也不再能够被当成是一种固定的生理学上的实体,而是已经深深地具有现代性的反思性的那种复杂难懂性"(吉登斯,1998:256)。正是基于现代反思性的视角,本文通过对多位女大学生的深度访谈,从其日常生活经验中发现,在传统社会的规训和现代社会的抗争双重环境的熏陶下,<u>作为现代女性代表的女大学生群体,其化妆实践不仅是"追求美"的简单手段,其中蕴含着更为丰富的社会意义</u>。

笔者在以参照群体理论为切入点进行分析时,首先发现对女大学生来说,化妆从儿时认为的"大人做的事情",逐渐演化成一种印证自己已经长大,正在走向成熟的人生体验。女大学生正是通过模仿成年女性化妆,进而使其化妆具有了一种仪式感,添加了完成自己成人礼的丰富意

---

① 陈向明.教师如何作质的研究[M].北京:教育科学出版社,2001:218.

涵。而进一步的深入分析则发现……不过,需要特别指出的是,<u>分析还发现化妆的两种差异化意义并非截然对立,而是时常同时存在于同一女大学生个体身上</u>。化妆的不同意义在女大学生的内心达成一种微妙的张力平衡:一方面……另一方面……体现出当代女大学生有意无意顺应传统男权社会规训的一种无奈。

(郝大海,朱月婷.顺应与抗争:当代女大学生化妆意义研究[J].青年研究,2016(06):69-78+93.)

案例 5-4

五、结论

随着历史的发展,聘礼成为婚姻仪式中的重要一环,也成为两个家庭建交过程中物质交换的代名词。作为沿袭了两千多年的中国传统婚嫁习俗,聘礼具有一定的合理性。但是,聘礼的多与少,有与无,与婚姻是否幸福并不存在必然关系。聘礼不是衡量男方对女方感情深浅的标准,不应将感情物化。不是聘礼越多以后就越幸福。应该让婚姻回归本真的爱情,让聘礼回归最初的礼仪功能和象征意义。自由恋爱的婚姻里,聘礼文化将会越来越没市场。实质上聘礼的涨高只是一种表象行为,其所展演出的是乡土社会基本的社会特质,以及市场经济中价值规律隐形存在而在人们心理层面呈现出的价值张力。聘礼的变化不是人自由意志下的一厢情愿,乡土社会传统价值观念的根深蒂固,以及在时代场景中的再持续与展演,传统礼俗的社会功能和特质得以呈现。虽然中国已处于工业社会,但是传统经济基础附带的文化影响仍然存在,这种文化的出现可能需要很长时间。不过,尽管中西方文化存在差别,但是内生变量会导致中国婚姻方式也会与西方社会殊途同归。

(学生习作《婚姻聘礼的来源与社会功能透视》)

在案例 5-3 中,作者总结了上一部分的研究发现,在第一段末提出了核心论点"作为现代女性代表的女大学生群体,其化妆实践不仅是"追求美"的简单手段,其中蕴含着更为丰富的社会意义",接下来两段便运用上部分的研究发现进行了详细说明,使结论更具说服力。案例5-4的结论,除却里面的核心论点不清晰、部分语句表意不明等毛病外,更为严重的问题是作者所阐述的论点都明显缺乏相应的依据支撑,看不出结论是从研究发现中推导而来,反而更像是理论思辨的结果。

第三,研究结论要具备一定的抽象性和理论性。具体而言:一方面,结论部分已经不需要再描述论文资料分析的细节,而是要从整体上看待自己的论文,使结论具有概括性。如刘良华认为在保证不出现推论过度或推论不足的前提下,研究结论越有概括性越好,越简单越好。[①] 张静指出,研究结论的撰写需要做到一般化,即使用抽象层级更高的概念来概述发现,例如打架——对抗行为——冲突,就是按照具体——抽象——更抽象的顺序逐渐提炼的。[②] 另一方面,研究结论不是对研究发现的重复,而是在研究结果的基础上进一步理论化。[③] 对于质性研究而言,使用理论阐释研究结果很重要,具体理论是什么、理论为何在质性研究中有很重要的详细阐述可参见陈向明的《质的研究方法与社会科学研究》[④]与大卫·希尔费曼的《如何做质性研究》。[⑤] 在这里,只简要说下理论对于质性研究的作用,简而言之,理论通过排列一组概念来界定和解释一些社会现象,它提供了一个框架,以便于人们批判性地理解社会现象。因此,没有理论,所做出的研究将会很狭隘。具体案例如下:

[①] 刘良华.教育研究方法(第2版)[M].上海:华东师范大学出版社,2014:156-157.
[②] 张静.社会学论文写作指南[M].上海:上海人民出版社,2008:145-146.
[③] 毕恒达.教授为什么没告诉我:论文写作枕边书[M].北京:法律出版社,2007:150-151.
[④] 详见陈向明《质的研究方法与社会科学研究》(教育科学出版社,2000年)中的第20章"质的研究的理论建构"。
[⑤] 详见大卫·希尔费曼《如何做质性研究》(重庆大学出版社,2009年)中第二部分的"使用理论"一节。

☑ **案例 5-5**

研究结论部分

儿童心理学家艾莉森·高普尼克认为,玩耍中具有的明显特征在于对未知环境的探索,根据情况不断提出假设,想象新的可能性;玩耍区别于成人旨在节省时间、少犯错误、对已知环境的利用。然而,以上研究发现,在当下社会,玩耍不再是对未知环境、事物随心所欲、天真烂漫地探索,而成为家庭教育中被规划的内容。在中产阶级家庭中,玩耍变成了协作式养育的重要部分,具有严格的规划性和规则感,整体来看,呈现标准化、系统性和一致性特征。对于农民工家庭来说,学习是家庭教育的焦点,是改变生活状况与社会经济状况的重要方式,玩耍恰恰是被家庭教育所排斥的内容。

比较两个不同阶层群体的父母玩耍观念,发现存在不同的家庭教育理念:对于中产阶级家庭而言,全面发展、家长协作、注重从多方面培养孩子的能力是家庭教育的重要目标,但是对于农民工家庭来说,由于时间、精力和经济条件的限制,父母家庭教育的焦点主要集中于对学业成绩的关注,期待升学成为重要的社会上升途径。在这种情况下,建构"多主体参与"的教育体系、营造"多元评价体系"的环境,是弱化家庭教育中阶层不平等的两种可操作性方式。

(吴莹,张艳宁."玩耍"中的阶层区隔——城市不同阶层父母的家庭教育观念[J].民族教育研究,2016,27(05):61-68.)

☑ **案例 5-6**

四、结语:家庭与学校的关系

通过上述分析,我们发现,家庭与学校在培养随迁子女的行为习惯养成方面存在着很多差异,包括各自优先考虑的问题、要满足的需求和期望、与儿童互动的特定方法和形式,在某些情况下,还包括各自携带的文化和语言差异。同时,不同家庭所依据的生活环境也有很大差异,这些差异与家庭所处的文化社会(城市或乡村)、社会经济状况、所属文化群体有密切关联。

……

本课题组成员通过长期的研究发现,部分随迁子女家庭很难满足儿童的基本需求,进城务工人员普遍因文化水平不高、工作时间较长且不稳定、生计压力大、多子女家庭等因素,无足够的机会与良好的条件教育子女,进而导致家庭对随迁子女学校教育的支持力度也大为削弱。学校难以结合随迁子女在家庭场域中的行为表现给予及时的反馈,……且生活场域与认可标准的变化使得随迁子女无法形成心理安全感,从而难以形成与城市现代文明相吻合的行为习惯。所以,对于随迁子女的行为习惯培养而言,由于家庭与学校两大场域多方面的异质性,两者必须互通信息,形成教育合力,打通场域之间的区隔,以期为随迁子女养成良好的行为习惯提供一致、安全的社会环境。

(樊秀丽,姜方华,张宗倩.从行为习惯养成看家庭与学校的关系——基于北京进城务工人员随迁子女学校的田野研究[J].民族教育研究,2018,29(03):108-114.)

案例5-5与案例5-6的结论都做到了从整体上概括研究结果,言简意赅,且结合了相关理论观点或理论概念去阐释自己的研究发现。具体而言,案例5-5先以已有的某项权威研究结果开头,引出自己与之不同的研究发现。接着,先概括了两个不同阶层群体的父母的玩耍观念,而后延伸出两个阶层家庭不同的教育理念,整体的叙述简洁明确,没有陷入具体资料分析的泥沼中。案例5-6则先归纳了研究发现,然后具体阐释研究发现的推论过程。下面是学生习作的例子:

案例5-7

五、结论

访问学者来"华"访学所收获的……概括起来,主要包括这几个

方面:

(一)增长见识,转换思维,明确差距。在访学期间,访问学者利用学校的各种资源增涨了见识,借这个访学的机会静下心来,积极主动地听课,更新自己的教学理念和方法……

(二)提升科研水平和能力。在访学期间,访问学者学习到了量化、质性研究方法的相关知识,基本掌握了量化研究和质性研究工具的应用和操作方法,动手能力、资料数据的分析能力得到了提升。

(三)学习榜样,反思自身。访学中遇到的治学严谨、为人正直的老师都是值得学习的,这些老师所具有的学术成果和修养不是在短时间内就能形成的,因此积极反思自身,向这些老师学习更有利于提升自己的学习态度……

(四)增进友谊,拓展人脉。访问学者在这一学期或者一学年中与不少访问学者进行了接触……这样扩大自己的交友圈以便为自身的科研及学习创造更多的机会。

(学生习作《果然不虚此行——访问学者的访"华"心得》)

该文研究结论虽然呈现得很有条理,但这些方面的总结仍停留在初步的研究发现阶段,用语太生活化,不够抽象和理论化,缺乏理论深度与视角。如第二点"提升科研水平和能力"这部分的论述,就可用库恩《科学革命的结构》一书中的"范式"这一理论概念来分析访问学者能习得研究方法这一收获,可以结合教育学学科发展阶段,强调"研究方法"这一"范式"的主要组成部分在学科知识更新中的重要作用。

第二节 讨论

研究从相对具体的结果中,延伸、拓展到更为宽泛的研究背景中,去讨论一些与研究发现相关的重要问题,以帮助读者更好地理解该研究,并能从中获得启发。讨论部分在撰写上较为灵活,没有那么死板,大致涉及以下几个方面:1. **对论文导言部分、文献回顾部分涉及的相关理论或概念进行探讨**。论文的各个部分看似独立,但为了看起来浑然一体,实际是需要很好地衔接、呼应,如引言照应结论,讨论呼应文献等。因此,文末的讨论部分要与前文的引言、文献综述部分相呼应,以实现很好的衔接。2. **对研究结果中的某些重要发现进行更深入的分析,可围绕相关的重要问题进行探讨**。一般而言,为使研究结果更令读者相信,使研究结果的意义得到进一步的增强,可以对本研究是否回答了原来的研究问题及原因进行说明,也可跳出具体的研究结果范围,从更广泛的意义上探讨与研究主题相关的问题。3. **将本研究结果与前人研究结果进行比较**。因为研究很少在真空中实施,几乎所有的研究都与开展过的研究的整体情况存在相关,将自己的研究发现与已有的相关研究之间的差异进行分析和解释,能很好地凸显自己研究的独特性或价值。① 4. **根据研究结果的情况,提出相关问题的解决措施或建议**。有时根据研究主题的需要或研究结果的情况,为使得文章具有一定程度的应用

---

① [美]伯克·约翰逊(Burke Johnson),[美]拉里·克里斯滕森(Larry Christensen).教育研究:定量、定性和混合方法(第4版)[M].马健生,等,译.重庆:重庆大学出版社,2015:537-538.

价值,可以提出旨在解决相关问题的建议或措施。**5. 指出本研究存在的局限性或不足**。即陈述在研究过程中有哪些是未考虑到的、未完善的。陈向明强调如果研究看起来显得十分完整,没有任何"不足之处",这不但不"实事求是",而且也容易使读者对研究结果的"真实性"产生怀疑。① **6. 提出进一步研究的可能方向,或尚未澄清的问题,或本研究的应用价值或意义**。一方面,这有利于后续的研究者获得研究启示,另一方面,有助于激发读者进一步对这些问题进行思考。上述要点并不需要都写在讨论中,涉及一两项即可。论文讨论并不是程式化的"八股",一般写作者感觉言犹未尽的问题,例如论文结论与前人研究的联系、研究的潜在影响、贡献、局限等。不少论文在这部分讨论的是自己在理论、材料和方法上的局限,以及进一步改进的方向。② 具体撰写的注意事项如下:

第一,如果文章的引言或文献部分提及了与本研究相关的重要理论观点或理论概念,讨论部分需要作出回应。需注意的是,讨论部分的回应不是随意摘取某种理论观点或概念来做阐发,而是要基于研究结果来对前面叙述过的理论进行分析,或对与研究主题密切相关的理论概念进行探讨。具体案例如下:

☑ 案例 5-8

七、结语(节选)

本文讨论的问题聚焦于研究型大学本科教育中的人才培养……通识教育与专业教育出现形式上冲突、实质上割裂的状态:在有限的学分与学习时间之内,两者之间有竞争关系,若通识教育仅仅体现为"广泛涉猎",略知皮毛,实际上更有可能"博而不通",专业教育也将"专而不精"。

这需要我们重新认识通识教育与专业教育的关系……通识教育与专业教育之间是彼此融合、共同成就的一个过程。怀特海指出:"在学习

---

① 陈向明.教师如何作质的研究[M].北京:教育科学出版社,2001.237-238.
② 张静.社会学论文写作指南[M].上海:上海人民出版社,2008:135-136.

中,不存在一种课程仅仅传授普通文化……不能把这种浑然一体的学习过程进行分割。"[29]

通识的核心观念是"文化":即"以文化人",是知识对人性的培植,它常是深度学习与专业学习的馈赠……通识教育是一种融入专业学习中的能力教育,如何获得知识背后的能力——激发求知欲、提升判断力,对复杂环境的控制力以及运用理论知识对特殊事例做出的预见与判断。[30] 这是通识教育的内涵,如何引导学生真实地学习,将外在的知识化作自己的经验,将躺着的知识化为认识的力量,大学教育的目的正在于此。它是深度学习所获得的判断、见识与审美,它建立在学科基础上,是对学科风格的感知与欣赏,"风格帮助人直击目标,富有远见,提升力量,而不陷入细枝末节之中,不被不想干的事物所打扰;风格是专家所独享的特权,风格是专业化学习的产物,是专业化对文化的特殊贡献"[31],掌握了风格即掌握了学科的精髓。通识教育不仅体现在审美层面,还体现在智慧与信仰层面,智慧来自于知识运用所获得的自由感,责任感来自于知识所赋予个人的力量感……

然而,在大众高等教育的背景下,在学习者自由选择的消费逻辑下,"艰苦地训练"与"刻苦地努力"易被回避,主导选择的与其说是"兴趣",毋宁说是极易与兴趣混淆的"有趣"或"诱惑"。"有趣"与"诱惑"正是杜威所批评的"用快乐去行贿",在这样的诱惑中,学生注意力不能持久地集中……

如果这投向外部世界的形形色色的兴趣不能再回转过来,再形成人格的统一性,从而具有"教学的教育性价值",就会出现赫尔巴特所担心的状态:"我们是否会跌入轻浮的境界呢?轻浮者每时每刻都是另外一种人,至少他每时每刻都染上了别的色彩,因为他本来就根本不是固定的。他热衷于表面印象与幻想,从不把握自己,也从不把握他感兴趣的对象。"[32]因此,他需要严格的教育……

一方面,在工具理性的扩张下,高等教育被装备成为国家精英识别、分类与筛选的权威代理机构,这体现为文章中"制度选拔"的线索……引用帕累托的概念,人们在文化与社会生活的每个部门所表现出来的能力和成就的差异,造成了社会上明显的等级制度……

(刘云杉.自由选择与制度选拔:大众高等教育时代的精英培养——基于北京大学的个案研究[J].北京大学教育评论,2017,15(04):38-74+186.)

此案例的讨论部分是典型的对文章导言部分、文献回顾部分涉及的相关理论或概念所进行的讨论。字里行间随处可见恰到好处的理论阐释,作者很巧妙地将某种与研究主题相关的理论概念或范式嵌入了所要阐发的观点中。

第二,撰写研究的局限性时,要保持最大限度的客观,如实向读者报告。任何一项研究都不可能是完美无缺的,当我们结束研究后,总会有些在研究过程中未被发现的问题冒出来。因此,在文章的讨论部分,可将这些问题说出来,以提醒读者避免犯同样的错误。需注意的是,在叙述时要实事求是,不要怕局限过多而隐藏,这无疑会使自身研究的意义或价值打折扣。表面上看,一项研究对局限表述得越多、越详细,研究结论的价值似乎会越小,但实际上,如实告知读者自己研究的不足,研究存在的问题或矛盾,更能激发读者的思考,提高研究的价值。① 在研究局限性报告的注意事项方面,长于质性研究的学者陈向明为我们做了很好的示范。作为国内最早一批从事质性研究的学者之一,陈向明很重视研究的反思,强调做质性研究要检验结论的可靠性,注意研究的伦理道德问题,实事求是地报告研究的局限性。这方面的具体阐述在其《教师如何作质的研究》一书②中有通俗易懂的说明,这里就不赘述,只以其博士论

---

① 陈向明.质的研究方法与社会科学研究[M].北京:教育科学出版社,2000:374.
② 详见陈向明《教师如何作质的研究》(教育科学出版社,2001年)中的第12章。

文《旅居者和"外国人":留美中国学生跨文化人际交往研究》①为例来简要说明研究的局限性具体包括哪些方面。

在这篇论文中,作者专门开辟了一章"研究者的思考和反省"来详述研究的不足之处。首先是效度问题。作者研究的是留美的中国留学生的跨文化人际交往问题,但其本人在做此项研究时具有双重身份——局内人(作者也是一名中国留学生,与被调查对象有相同的经历)和局外人(观察其他中国留学生的研究人员),易使作者对研究结果存在预设、解释过头的现象,以及在研究过程中有意对研究对象进行引导。其次是推广度问题。作者的研究对象是"留美中国学生",但实际只调查了9名全部来自波士顿地区的留学生。故作者特意强调了此研究的适用范围,认为研究结果不能推广到美国其他地区的中国留学生,但同时作者也表示其进行这项研究的目的不在于推广,而只是为那些处于类似情形下的人提供一定的解释和经验共享,为那些对跨文化交流问题感兴趣的人提供借鉴。再次是伦理道德问题。主要是自愿(研究对象不是被迫参与研究)、知情(研究对象有权知道作者所进行的研究和访谈提纲等)、保密(所出现的人名、地名一律使用化名,充分保证研究对象的身份不被泄露)等原则,除这些之外,作者还让所有的被研究者阅读其书的初稿,并随意提出修改意见。最后是研究者自身的问题。质性研究中,研究者本人就是一项研究工具,作者反思了自己访谈的技巧与方式、自己研究领域发生的变化、与他人讨论的方式等内容。下面,再列举期刊论文的一例以供参考。

☑ 案例 5-9

讨论部分(节选)

本研究的很多问题都值得讨论,但由于篇幅所限,只讨论两个问题:

---

① 陈向明.旅居者和"外国人":留美中国学生跨文化人际交往研究[M].北京:教育科学出版社,2004:66-86.

教师教学思维和行动特征之间的关联;本研究结果对教师专业学习的启示。

1. 教师教学思维和行动特征之间的关联

尽管教师的思维和行动特征在上文被分门别类地、从不同角度加以描述、解释和分析,但是它们在现实中是彼此紧密关联的,是教师个人哲学这同一实体的不同侧面。教师对教与学的整体性理解作为一个全观性的世界观,指导着他们在日常工作中知行合一的行动样态。而他们教学中知行合一的样态也可以被视为他们对教与学的整体性理解在微观层面的缩影,将教师的世界观在课堂教学的情境下实体化并具体化了。知与行不是相互分离的两个实体,而是融合在一起,处于相互交织、相互转化的状态……

2. 对教师专业学习的启发意义

上述教师们所表现出来的对教学的整体性理解说明,教学不能被分割成片段,教师也不能在集中培训时被灌输各自分离的知识、技能和价值观。教师的学习与他们的日常工作无法分开,他们平时的问题解决过程就是专业学习的一部分……

……

此外,教师们对所教学科和学生学习的强烈认同告诉我们,"学习教学"不仅仅是一个应用和更新知识和技能的过程,而且是一个获得和发展专业认同的过程……这说明,在教师的学习中,需要特别注意专业身份认同的问题,特别是在当前各种自上而下的教育变革中。

在试图勾勒中国教师的画像时,我们有意识地使用了教师自己的很多本土概念……这么做在当代中国特别有意义,因为目前不同的话语同时存在,而学术专家的话语通常压过了教师的话语。将教师自己的话语作为他们知识的表征形式呈现出来,我们希望认可他们的知识,虽然与学者的知识不一样,但一样有价值。中国幅员辽阔,人口众多,在教育条件和质量上存在很大的地区差异。本研究不希冀宣称研究结果能够推广到中国其他地区、学校和教师身上。对这些教师的画像在科学实证主义者看来可能不具有代表性,也难以完全被重复,但我们相信它能够为理解中国教师在当前这样一个有意义的历史时代所做的努力提供一点光亮。

(陈向明.优秀教师在教学中的思维和行动特征研究[J].教育研究,2014(5).)

在此案例中,作者先系统有条理地阐述了研究结果对教师专业学习的启示。而后,在结尾时指出特意使用很多本土概念的目的及研究不足、研究希冀。

第三,所提的建议要基于自己研究结果的基础,且不要过于宏观和充满套话。有不少论文在总结完自己的研究发现后,会提出问题的解决措施或改进建议,但撰写时要注意两点:1. 建议部分要结合自己的研究结果来谈,而不是抄自其他文献或来自个人经验判断。例如一项关于硕士生课堂学习投入的实证研究,建议部分提出学校有关部门应加强对研二学生的关注,并制定有效措施,以提高他们课堂学习投入的积极性,但在论文的研究发现中,并没有关于研二学生课堂学习投入表现不佳的证据。2. 所提的建议要建立在自己的经验研究基础上,不要说大话或者空话,有什么层次的发现,就提什么层次的建议。① 有的论文所提的建议太过一般性,似乎不进行研究都可以提出相同的建议,例如一项关于硕士生对过度教育看法的研究,最后所提的建议是在看待和分析过度教育现象时应从更加客观和全面的角度出发,并应充分相信硕士毕业生应对就业的能力。这种建议就属于说了等于没说的套话类型,且严格来说,不应该称之为"建议",作为建议,作者应该具体说出与过度教育有直接关系,并建立在研究结果上的实操性的建议。论文

---

① 毕恒达.教授为什么没告诉我:论文写作枕边书[M].北京:法律出版社,2007:151-152.

并不一定非得在最后提出解决问题的措施或改进的方向,可以只是增加读者对某个社会现象的了解,尤其是对于重在意义建构和揭示社会现象的深层机理的质性研究论文而言,更是如此。如果研究的主题不需要提出相关建议,就没有必要搞形式主义,为建议而建议。具体案例如下:

案例 5-10

五、对策及建议

国家层面、社会舆论方面和个人意识都应该在性别公平这一方面有所改善。国家必须建立强有力的法律去维护女性在学业、就业上的机会公平和过程公平;舆论和个体也应该打破、解构传统的固化的男女分工意识,即不能强迫或变相强迫任何人做违背自己意愿的事情,或者对某些不符合传统男女分工观念的事情予以不良评价,应该给予宽松的言论环境,鼓励女性发挥天赋,走出性别隔离的藩篱。

(学生习作《高等教育中专业性别隔离现象探因》)

该文最后一部分是"对策及建议",且不说"对策与建议"存在语义重叠问题,就该部分内容而言,论述过于简短,所提的建议看似各个主体(国家、舆论、个体)都提到了,但均过于宽泛、抽象,缺乏论据支撑,与上部分的研究发现脱节。在上一部分中,作者条理清晰地阐述了三条研究发现:1. 父权制历史下的女性从属地位影响专业选择;2. 学科性别刻板印象影响专业选择;3. 就业市场压力影响专业选择。但这部分的建议却并未从这三条发现着手去提出适切性的意见。

案例 5-11

五、结论

要在中等教育阶段推进普职融通,一是在学校层面开展普职融通的课程和教学模式改革;二是在地区层面促进区域内不同办学主体之间的沟通,三是在国家层面推动普通教育与职业教育融通的制度改革。

（一）实施分层走班教学，采用"共同＋分流"两类课程模式

在中等教育阶段实行分层走班，其实是在班级授课制的基础上，建立新型的"教与学"的组合形式，采用"固定行政班＋流动教学班"的方式，在固定行政班教授"共同课程"，在流动教学班开展"分流课程"。

（二）促进不同类型办学主体之间有效贯通，推进弹性学制

实行弹性学制和弹性课程，使学生在两种类型学校间的转学中体现个体意志，促使模块内课程所修学分之间有效互换，并依据学分考核学生是否达到毕业要求，从而代替传统的固定学制。

（三）完善国际资格框架体系，注重关键能力的培养

国家资格框架应是开放性、全包含性的框架，不仅要将证书、文凭以及学位三者纳入其中，还要实现普通教育与职业教育在不同教育类型、不同教育层次上的自由沟通和互换。社会要完善用人制度，促进人力资源的有效配置，建立健全国家资格证书体系是重中之重。

（学生习作《关于高中阶段普通教育与职业教育融通的一项质性研究》）

该文的建议也是犯了过于宽泛的错误，看起来面面俱到，各方面都考虑到了，但每个方面的论述都停留在表面，未结合研究发现或相关论据来谈建议，并没有太大的实践意义。下面来看一个建议部分写得较好的范例。

☑ **案例 5‑12**

四、结论与反思

从文献综述和对案例大学的分析中可以看出，本科生导师制在中国大学的实践有着不同的背景脉络和影响因素，因而<u>也遇到了自身的问题</u>。以下试图从学校制度、师生态度和教师专业发展三个角度，反思现有导师制的不足，并针对我国大学特殊情形提出<u>可能的改善策略</u>。

（一）学校的制度

第一，为导师制实施提供技术支持，学校可尝试建设专门的网络教

学平台。已有一些高校在构建虚拟导师网络平台上采取了有益尝试并取得了初步成效。[13]网络平台的主要功能如下:(1)建立导师资源库,共享导师资源(教师可选择公开教学资料和网上讨论,让跨专业学生有机会参与),进行动态管理,学生可投票评选星级导师,这种竞争氛围将有利于提升导师遴选的质量,督促考核不合格的教师提高责任意识或退出导师队伍;(2)宣传导师制的职能目标和学校的相关政策,使师生明确导师制的定位,了解导修课等导师制的具体教学形式,也可作为教师发展的重要途径,为导师之间交流指导经验提供平台;(3)设置各种功能模块……

(徐岚,卢乃桂."成长的窗户"还是"冰冷的制度"?——一所研究型大学本科生导师制的质性研究[J].中国人民大学教育学刊,2011(01):48-65.)

该文最后一部分"结论与反思"呈现的实际就是建议,从题目就可看出,该研究在文章结尾提出改进问题的建议是非常契合研究主题的。作者针对本科生导师制在国内大学遇到的问题,从三个角度来提建议,每个角度都结合研究结果来提建议,具体而明确,无空话、套话。

附录
拓展阅读

A. 中文著作

1. 张静.社会学论文写作指南[M].上海：上海人民出版社,2008.

本书是一本入门指导手册,旨在帮助社会学或更广义的社会科学专业的学生,了解专业论文写作的路径。作者针对大学不同阶段训练中各种论文写作的常见问题,指明了写作必备的要领、格式和目标,尤其强调了研究性思考和规范化表达的重要性。

2. 阎云翔.私人生活的变革：一个中国村庄里的爱情、家庭与亲密关系：1949~1999[M].龚小夏,译.上海：上海人民出版社,2017.

本书是旅美人类学家、加州大学洛杉矶分校中国研究中心主任阎云翔教授的成名作,曾获美国亚洲学会列文森奖。本书是乡村民族志研究的典范,作者用细腻的手法刻画了当代中国农村复杂、流动的心态史和行为史,展现了中国农民家庭生活中的个体性和情感生活,揭示了私人生活背后的社会变迁。本书堪称民族志研究方法运用和质性研究写作的经典之作,作者将宏观社会和时代背景与微观家庭和个体生活描绘融为一体,理论归纳和田野资料分析结合得浑然天成。

本书也是一本译作精品,经由英文版本 *Private Life Under Socialism: Love, Intimacy and Family Change in a Chinese Village: 1949-1999* 翻译而成。译者妙笔生花,使得中文版本的文字如行云流水,具有很强的可读性。

3. 陈向明.旅居者和"外国人":留美中国学生跨文化人际交往研究[M].北京:教育科学出版社,2004.

本书是陈向明根据其哈佛大学的博士论文改写而成,是一个质性研究的经典范例。

B. 英文著作

1. Trimble, John R. 2011. Writing with style: Conversations on the art of writing. 3rd ed. Boston: Prentice Hall.

本书是一本关于写作技术和方法的册子,共15章,160页,第一版出版于1975年,第三版于2011年发行。作者为德克萨斯大学奥斯汀分校教授。涵盖内容包括:着手写作;深思熟虑;如何写批判性分析;开篇;中篇;下篇;短语;提高可读性的窍门;迷信;修改的艺术;润色;标点符号;关于引用等。本书简洁明了,适用于研究生和青年教师学习写作。

2. Goodall, H. L. 2008. Writing qualitative inquiry: Self, stories, and academic life. Walnut Creek, CA: Left Coast Press.

关于质性研究写作的著作少之又少,本书属于难得的专门面向质性研究者的关于质性研究写作的专论。全书共256页,涵盖前言和六章内容。具体内容为:第一章,5R叙事写作;第二章,指尖在键盘上飞舞、发展叙事结构;第三章,向学术期刊和出版社提交叙事作品;第四章,审阅和评估叙事作品:从学徒到贡献者;第五章,学界成功之道;第六章,学界之外的成功:当一名公共学者。